wissen & praxis 23

Jochen Kreh
Computer im
Schulunterricht

Über dieses Buch:
Die Auseinandersetzung, inwieweit Computer im Schulunterricht genutzt werden können, wird selten inhaltlich geführt. Die einen sind fasziniert von den Möglichkeiten der neuen Technik und können sie nicht mehr mit Distanz betrachten. Die anderen finden kaum Zugang zum Computer und sind deshalb nur schwer in der Lage abzuschätzen, was mit Computern gemacht werden kann.
Kreh zeigt die Möglichkeiten und Grenzen des Computereinsatzes im Schulunterricht auf. Er geht auf die historische Entwicklung von Lernprogrammen (CuU-Systeme) ebenso ein wie auf neue Systeme (ITS) und neueste Entwicklungen (Künstliche Intelligenz). Gleichzeitig arbeitet er die zugrundeliegenden pädagogischen und psychologischen Ansätze heraus und analysiert ihre Widersprüchlichkeiten. Kritisch werden der Motivationsfaktor, der von Computern ausgehen soll, untersucht und die Grenzen des Einsatzes aufgezeigt.
Die Angst, daß sich unsere Kinder nicht im Leben zurechtfinden, wenn sie in der Schule nicht lernen, mit Computern umzugehen, ist – so Kreh – unbegründet.
Kreh begründet, warum Lernprogramme – wenn überhaupt – nur im Selbstlernbereich, zur Experimentunterstützung und Modellsimulation eingesetzt werden sollten. Gleichzeitig plädiert er für ein gründliches Nachdenken über die gesellschaftlichen Folgen des Computereinsatzes.

Über den Autor:
Jochen Kreh, geboren 1961 in Stuttgart, aufgewachsen in Böblingen. Studierte in Braunschweig Informatik, Abschluß 1988. Lebt und arbeitet als Informatiker in Braunschweig.

Jochen Kreh
Computer im Schulunterricht
Argumente wider die Technikgläubigkeit

Brandes & Apsel

Auf Wunsch informieren wir regelmäßig über das
Verlagsprogramm. Eine Postkarte an den Brandes & Apsel Verlag,
Nassauer Str. 1-3, D–6000 Frankfurt a. M. 50, genügt.

CIP-Titelaufnahme der Deutschen Bibliothek

Kreh, Jochen:
Computer im Schulunterricht : Argumente wider die
Technikgläubigkeit / Jochen Kreh. - Frankfurt (Main) : Brandes
u. Apsel, 1989
  (Wissen & [und] Praxis ; 23)
  ISBN 3-925798-43-9
NE: GT

wissen & praxis 23

Copyright 1989 by Brandes & Apsel Verlag GmbH,
Nassauer Str. 1-3, D–6000 Frankfurt a. M. 50
Alle Rechte vorbehalten
Umschlagausführung: Volkhard Brandes
Druck: F. M. Druck, Karben
Gedruckt auf säurefreiem und alterungsbeständigem Papier

ISBN 3-925798-43-9

Wenn nicht mehr Zahlen und Figuren
sind Schlüssel aller Kreaturen
wenn die so singen oder küssen
mehr als die Tiefgelehrten wissen
wenn sich die Welt ins freie Leben
und in die Welt wird zurückbegeben
wenn dann sich wieder Licht und Schatten
zu echter Klarheit werden gatten
und man in Märchen und Gedichten
erkennt die wahren Weltgeschichten
dann fliegt vor einem geheimen Wort
das ganze verkehrte Wesen fort.

Novalis

Inhalt

1. Einleitung   9
2. Die Begriffe ändern sich   13
   *Vom Programmierten Unterricht (PU)
   zum Computerunterstützten Unterricht (CuU)*   13
   *Warum konnte sich PU in den 60er und 70er Jahren
   nicht durchsetzen?*   17
3. Grundlegendes zu Lerntheorien   19
4. Computer im Schulunterricht:
   Erfahrungen aus der Praxis   33
   Die Rolle des Computers im Fachunterricht   33
   Anforderungen an Unterrichtssoftware   41
   Erstellung individueller Unterrichtssoftware durch Lehrer   49
   Gefahren der Bildschirmarbeit   51
5. Die Auswirkungen des Computereinsatzes
   auf den Unterricht   53
   Meta-Analysen   53
   Prinzipielle Probleme der Intelligenzmessung   56
   Auswirkungen aus ethnologischer Sicht   60
6. Intelligente Tutorielle Systeme (ITS) und die Grenzen
   des Computereinsatzes im Unterricht   63
   Grundstruktur eines ITS   63
   Vorstellung zweier marktreifer ITS   67
   *Übertragbarkeit dieser Ergebnisse
   auf andere Themenstellungen*   78
   Das 5-Stufenmodell menschlichen Lernens   79
   *Das 5-Stufenmodell und die Grenzen des
   Computereinsatzes im Unterricht*   82
   *Künstliche Intelligenz – Vorbehalte gegenüber
   zu hohen Erwartungen*   85
7. Lernen: Mehr Motivation durch Computer?   87

8. Computersimulation im Unterricht 93
Begriffsbestimmung 93
Die Simulation im Rahmen der Modelltheorie 94
Der Einsatz von Computer-Simulationen im Unterricht 99
Grenzen der Computersimulation 100
Computersimulationen zum Trainieren
von Problemlösefähigkeiten 102
Neue Lehrinhalte durch Computersimulationen 103
Die Erstellung von Computersimulationen 104
9. Schlußbemerkung 105
10. Literaturverzeichnis 107

1. Einleitung

Die verschiedensten Personen und Institutionen versuchen uns einzureden, der Stein des Weisen für die Erziehung unseres Nachwuchses wäre gefunden. Bücher, Plattenspieler, Filmprojektoren, Tonbandgeräte etc. werden als pädagogisches Allheilmittel angepriesen. Daß der Lehrstoff »in der Hälfte der Zeit und mit der Hälfte der Mühe durchgearbeitet (...) werden kann«, ist das mindeste, was versprochen wird. Wer Kritik an diesen Neuerungen äußert, wird als technikfeindlich hingestellt; wer auf die Mißerfolge in der Vergangenheit hinweist, wird verlacht, weil die gerade angepriesenen Geräte wenn nicht viel mehr so doch zumindest ganz andere Möglichkeiten böten.

Seit einiger Zeit kann man diese ganze Prozedur bei der Einführung von Computern im Schulunterricht – oder allgemeiner – zur Vermittlung von Lehrstoff wieder beobachten. Wieder wird mit einem enormen Zeitdruck argumentiert; wiederum werden Ängste nicht ernstgenommen; wieder werden Geräte angeschafft, ohne daß klar ist, wer sie wie nutzen kann.

Dieses Buch richtet sich an Menschen, die vom Computereinsatz im Schulunterricht betroffen sind: Lehrer, Politiker, Eltern und Schüler. Es soll dabei helfen, das diffuse Unbehagen gegenüber dieser Form des Computereinsatzes in Worte zu fassen, es soll Argumente liefern wider eine Technikgläubigkeit, die schon in zu vielen Bereichen fatale Auswirkungen hat.

In erster Linie werden Computer für den Bildungsbereich mit folgenden Argumenten angepriesen:
- Der Schüler kann sein Lerntempo selbst festlegen.
- Der Schüler kann selbst entscheiden, in welcher Reihenfolge er den Lehrstoff erarbeiten will.
- Mit dem Rechner kann interaktiv gearbeitet werden.
- Der Rechner ist sehr geduldig.

Es sieht so aus, als ob diese Argumente vor allem deshalb wirken, weil sie mit einer Selbstgewißheit gebetsmühlenartig wiederholt werden, die an Penetranz grenzt. Schon bei einer etwas gründlicheren Betrachtung fällt auf, daß es z.T. dieselben Argumente sind, mit denen vor ca. 20 Jahren »Programmierter Unterricht« in Buchform angepriesen wurde. Die Vorteile des Rechners gegenüber diesen Büchern, die schon lange nicht mehr die Buchregale füllen, sind aber unerheblich. Insbesondere die »Geduld des Rechners« wird sich bald als Unerbittlichkeit und Stuipidität erweisen.

Daß ihre Argumentation auf schwachen Füßen steht, hat die Computerindustrie bei Zeiten erkannt, und so können heute bereits die ersten »Intelligenten Tutoriellen Systeme« angepriesen werden (wiederum auf die oben beschriebene Art und Weise). »Intelligente Tutorielle Systeme« unterscheiden sich von herkömmlichen Computerlernprogrammen im wesentlichen dadurch, daß zur Herstellung Programmiertechniken aus dem Bereich der Künstlichen Intelligenz angewendet werden. Prinzipielle Probleme, wie sie beim Einsatz von Computern als Tutor auftreten, können dadurch nicht beseitigt werden. Wie schon des öfteren in der ca. 30jährigen Geschichte des »Programmierten Unterrichts« wird versucht, durch neue Begriffe mangelnde Substanz zu vertuschen. »Computer assisted Learning«, »Computer based Instruction«, »Computer based Training«, »Computerunterstützter Unterricht«, ... die Phantasie, mit der immer neue Begriffe erfunden werden, um dasselbe Produkt wieder als neu anpreisen zu können, ist wahrlich bewundernswert.

Ein häufiges Argument für den Computereinsatz im Schulunterricht ist der Motivationsfaktor, den Computer angeblich auf Jugendliche ausüben. Dieser Motivationsfaktor sollte jedoch nicht überschätzt werden. Zum einen ist es eine Minderheit, die sich freiwillig mit diesem Gerät beschäftigt, und zum anderen unterscheidet sich die Rolle, die der Computer üblicherweise für computerbegeisterte Menschen spielt, prinzipiell von der, die er bei der Vermittlung von Faktenwissen durch Lernprogramme einnimmt.

Es wird höchste Zeit, daß bei der Auseinandersetzung um die Computertechnik nicht mehr der Computer sondern die konkrete Anwendung im Mittelpunkt steht. Ist dieser Schritt gemacht, so zeigt sich bald,
- daß Computer zur Wissensvermittlung kaum geeignet sind.
- daß der Umgang mit Computern im Schulunterricht nicht gelehrt

werden braucht, weil die »Normalverbraucher« nur mit Computersystemen arbeiten müssen, die weitgehend selbsterklärend sind (oder deren Arbeitsweise sich in kurzer Zeit erlernen läßt).
- daß der Computer im Schulunterricht in erster Linie in seiner Funktion als gesellschaftsveränderndes Gerät behandelt werden muß.

2. Die Begriffe ändern sich

Vom Programmierten Unterricht (PU) zum Computerunterstützten Unterricht (CuU)

Um Software, die heute für den CuU auf Personal Computern (PC) angeboten wird, bewerten zu können, ist es hilfreich, auf die Erfahrungen mit PU in den 60er und 70er Jahren (z.T. in Buchform, z.T. auf damaligen Großrechnern) zurückzugreifen. In den 60er Jahren stellte Skinner Lernprogramme vor, mit deren Hilfe angeblich sehr gute Lernergebnisse erreicht werden konnten. Ein solches Programm ist in Abb. 1 (folgende Seite) zu sehen. Meist wurden diese Programme auf einfachen mechanischen Geräten, später auch auf Rechnern installiert. Die Aufgaben in diesen Programmen waren so einfach gehalten, daß der Schüler die Antworten immer wissen sollte. Nachdem er seine Lösung aufgeschrieben hatte, wurde ihm die richtige Lösung gezeigt und zum nächsten Schritt übergegangen – auch wenn die Lösung des Schülers einmal falsch sein sollte. In guten Programmen durfte so etwas nicht vorkommen.

Die psychologische Theorie, die den Hintergrund dieser Programme lieferte, war die der operanten Konditionierung, einer Richtung innerhalb des Behaviourismus. Durch diese Theorie wird versucht, menschliches wie tierisches Verhalten auf Reiz-Reaktions-Zusammenhänge zurückzuführen. Die Grundlagen für diese Theorie lieferte Pawlow mit seinem Modell der klassischen Konditionierung.

Folgende Seiten:

Teil eines Programms für Oberschul-Physik.

Die Maschine bietet jeweils eine Aufgabe. Der Schüler ergänzt die Aufgabe und deckt dann das entsprechende Wort oder die entsprechenden Wörter, die im nachfolgenden Schema rechts stehen, auf. (/SKINNER, 1958/)

Tabelle 2: Teil eines Programms für Oberschul-Physik. Die Maschine bietet jeweils eine Aufgabe. Der Schüler ergänzt die Aufgabe, deckt dann das entsprechende Wort oder die entsprechenden Wörter, die im nachfolgenden Schema rechts stehen, auf.

Satz, der vervollständigt werden muß	Wort, das ergänzt werden muß
1. Die wichtigsten Teile einer Taschenlampe sind die Batterie und die Birne. Wenn wir eine Taschenlampe „anknipsen", schließen wir einen Kontakt, der die Batterie mit der ..... verbindet.	Birne
2. Wenn wir eine Taschenlampe anknipsen, fließt ein elektrischer Strom durch einen feinen Draht in die ... und erhitzt ihn.	Birne
3. Wenn der heiße Faden hell glüht, sagen wir, er strahlt Wärme und ..... aus.	Licht
4. Der feine Draht in der Birne heißt Glühfaden. Die Birne „leuchtet auf", wenn der Glühfaden durch den Durchgang eines .... Stromes erhitzt wird.	elektrischen
5. Wenn eine schwache Batterie wenig Strom abgibt, wird der feine Draht oder .... nicht sehr heiß.	Glühfaden
6. Ein Glühfaden, der weniger heiß ist, gibt .... Licht ab.	weniger
7. Abgeben oder aussenden nennt man auch „ausstrahlen". Die Lichtstärke, die von einem Glühfaden abgegeben oder „ausgestrahlt" wird, hängt davon ab, wie ..... der Glühfaden ist.	heiß
8. Je höher die Temperatur des Glühfadens, desto .... ist das von ihm ausgestrahlte Licht.	heller, stärker
9. Wenn eine Taschenlampenbatterie schwach ist, kann der .... in der Birne zwar noch glühen, aber er hat nur noch eine dunkelrote Farbe.	Glühfaden
10. Das Licht von einem sehr heißen Glühfaden ist gelb oder weiß. Das Licht von einem Glühfaden, der nicht sehr heiß ist, hat eine ..... Farbe.	rote

Satz, der vervollständigt werden muß	Wort, das ergänzt werden muß
11. Ein Grobschmied oder ein anderer Metallarbeiter vergewissert sich manchmal, daß ein Eisenbarren „kirschrot" erhitzt wird, bevor er ihn schmiedet. Er benutzt die ..... des von dem Eisenbarren ausgestrahlten Lichtes, um zu erkennen, wie heiß er ist.	Farbe
12. Beides, die Farbe und die Lichtstärke hängen von der .... des Licht ausstrahlenden Glühfadens oder Barrens ab.	Temperatur
13. Ein Gegenstand, der Licht ausstrahlt, weil er heiß ist, wird „Glühlicht" genannt. Eine Taschenlampenbirne ist ein	Glühlicht
14. Eine Neonröhre strahlt Licht aus, bleibt aber kalt. Deshalb ist sie kein	Glühlicht
15. Eine Kerzenflamme ist heiß. Sie ist ein	Glühlicht
16. Der heiße Docht einer Kerze entläßt kleine Teilchen oder Partikel von Kohle, die in der Flamme brennen. Bevor oder während sie brennen, senden oder .... die heißen Partikel Licht aus.	strahlen
17. Ein langer Kerzendocht erzeugt eine Flamme, in der der Sauerstoff nicht alle Kohlepartikel erreichen kann. Ohne Sauerstoff können die Partikel nicht brennen. Partikel, die nicht brennen, schweben über der Flamme als	Rauch
18. Wir können zeigen, daß sich in einer Kerzenflamme auch Kohlepartikel befinden, wenn sie nicht raucht, indem wir ein Stück Metall in die Flamme halten. Das Metall kühlt einige Partikel, bevor sie brennen, ab, und die unverbrannten Kohle .... sammeln sich am Metall als Ruß.	partikel oder teilchen
19. Die Kohlepartikel im Ruß oder Rauch strahlen kein Licht aus, weil sie ...... sind, als sie in der Flamme waren.	kälter

Bekannt ist vor allem dessen Hundeexperiment, bei dem die Speichelabsonderung von Hunden als Reaktion auf bestimmte akustische und optische Reize trainiert wurde (s. Abb.). Bei Lernprogrammen bestand der Reiz aus der Aufgabe, die Lösung war die geforderte Reaktion. Da es zu weit führen würde, die Theorie der Konditionierung genauer zu erläutern, verweise ich auf /LEFRANCOIS/, eine gut lesbare Einführung in die verschiedenen psychologischen Lerntheorien. Die Ideen Skinners hat jener selbst erläutert in /SKINNER, 1958/ und /SKINNER, 1961/.

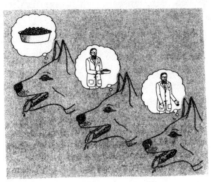

Abb.: a) Speichelabsonderung beim Anblick des Futters b) Speichelabsonderung beim Anblick des Wärters mit Futter c) Speichelabsonderung beim Anblick des Wärters ohne Futter (s. /LEFRANCOIS/)

Da den Lernprogrammen Skinnerscher Art bald vorgeworfen wurde, Fähigkeiten nur einzudrillen, aber keinen komplexeren Lernstoff vermitteln zu können, wurden abgewandelte Programme entwickelt. Insbesondere wurde versucht, in Abhängigkeit von der Schülerantwort im Stoff fortzufahren. Entweder geschah dies durch multiple-choice-Fragen, oder der Schüler mußte erst seine Antwort formulieren und konnte diese dann mit fertigen Antworten vergleichen. Je nach Ergebnis konnte im Stoff fortgefahren oder alter Stoff wiederholt werden. Solche komplexeren Programme gab es in Buchform oder zu Versuchszwecken auf Rechnern.

    Ab Mitte der 70er Jahre wurde es dann nach und nach still um die Lernprogramme. Die Praxis hatte gezeigt, daß die Erwartungen und Hoffnungen, die mit der Einführung von Lernprogrammen verbunden gewesen waren, sich nicht erfüllten.

Erst Anfang der 80er Jahre, im Zuge der PC-Welle und der Unsicherheiten bei der Einführung von Informatikinhalten im Schulunterricht, wurden die alten Ansätze des PUs wieder aus den Schubladen geholt. Mit Hilfe neuester Forschungsergebnisse aus dem Bereich der »künstlichen Intelligenz« und den neuen (?) Möglichkeiten von PCs meinte man neue und vor allem bessere Lernprogramme schreiben zu können.

Obwohl sich die Forscher und Praktiker weitgehend einig sind, daß die Lernprogramme aus den 70er Jahren mangelhaft und unbrauchbar sind, wird nicht genügend analysiert, aus welchen Gründen dies so ist. Um aus den damaligen Fehlern lernen zu können, ist eine solche Analyse allerdings unverzichtbar. Des weiteren wäre ein Vergleich von Computerlernprogrammen mit solchen in Buchform hilfreich, um zu sehen, was mit Computern wirklich anders gemacht werden kann, denn die heute kommerziell angebotene Software unterscheidet sich oft nur unwesentlich von den Lernprogrammen der 70er Jahre. Der gravierendste Unterschied ist sicherlich die automatisierte Antwortanalyse (entsprechende Möglichkeiten werden in Kapitel 4 erörtert). Inwieweit durch diese Analysen der Lernprozeß besser gestaltet werden kann, ist bislang kaum untersucht worden. Vor allem bei komplexerem Lernstoff wäre es sicherlich sinnvoller, das Vertrauen der Schüler in ihre eigene Urteilskraft zu stärken, anstatt die Schüler durch undurchschaubare automatische Antwortanalysen zu verunsichern.

Warum konnte sich PU in den 60er und 70er Jahren nicht durchsetzen?

Dies lag vor allem an den zu hoch gesteckten Erwartungen, die bei der Einführung des PU geweckt worden waren. /SKINNER, 1961/ berichtete z.B.: »Untersuchungen in Schulen und Hochschulen erbrachten, daß ein Stoff, ..., in der Hälfte der Zeit und mit der Hälfte der Mühe ... durchgearbeitet werden kann.« Erfolgsmeldungen dieser Art konnte man bis in die 70er Jahre immer wieder lesen. Negative Erfahrungen sind in Büchern nicht veröffentlicht worden. Meist wurden Lernprogramme gleichwertig oder besser als herkömmlicher Schulunterricht (!) bewertet. Daß die hohe Motivation der Schüler in den Testgruppen auf die hohe Motivation des Lehrers oder das Neuartige der Lernprogramme und Rechner zurückgeführt werden könnte, wurde gar nicht erwähnt oder mit kurzen Bemerkungen als unwesentlich abgetan (s. auch Kapitel 5).

Aber nicht nur deshalb standen diese Ergebnisse häufig auf wackligen Füßen. So stellte P. Schablowski in einer Untersuchung fest, daß bei Schülern, die neben dem herkömmlichen Unterricht zusätzlich mit einem CuU-Programm gearbeitet hatten, gegenüber einer Vergleichsgruppe, der diese zusätzliche Übungsmöglichkeit nicht geboten wurde, signifikant bessere Leistungen nachweisbar waren (/RGU, 1974, S. 13ff/).

Im Endeffekt verschleierten diese Untersuchungen mehr, als daß sie zur Klärung dessen beitrugen, was Lernprogramme leisten; das ist nämlich einzig und allein, Möglichkeiten zum Üben innerhalb eines begrenzten Themenbereichs zu bieten. Das heißt, Lernprogramme können eingesetzt werden, um Grundwissen, das zu einem bestimmten Thema vorhanden ist, auszubauen und es sozusagen in Fleisch und Blut übergehen zu lassen. Hier bieten Lernprogramme die Möglichkeit, den Stoff in stark vorstrukturierter Weise zu wiederholen, und der Schüler kann sich anhand der gestellten Aufgaben und der nachfolgenden Lösungen selbst kontrollieren.

Das mag für manche Schüler hilfreich sein. Wer gerne ein wenig herumblättert, mal hier eine Aufgabe lösen will und mal dort, und dabei sein Lernziel nicht aus den Augen verliert, wird mit einem guten Schulbuch oder einer Aufgabensammlung in herkömmlicher Buchform mit ausführlichem Lösungsteil besser zurechtkommen als mit den durchstrukturierten Lernprogrammen, die die Möglichkeit der Vorgehensweise sehr stark einschränken.

3. Grundlegendes zu Lerntheorien

Das heutiges Schulsystem ist immer wieder Angriffen aus unterschiedlichen Richtungen ausgesetzt. Leider bleibt aber die Analyse der Ursachen, die dem »chronischen Mißbehagen am Erziehungswesen« (/EIGLER, S. 167/) zugrundeliegen, sehr oft bei oberflächlichen Auswirkungen stehen; vorgeschlagene Verbesserungen erweisen sich dann häufig als unpraktikabel. Anhand einiger Fragen, die in der Diskussion immer wieder auftauchen, werden deshalb solchermaßen oberflächliche Kritikpunkte im folgenden dargestellt.

- Wie kann Schülern *mehr* (Fakten)Wissen beigebracht werden?
- Wie kann Schülern das (Fakten)Wissen *effektiver* vermittelt werden?
- Welche Lerntechniken müssen Schülern vermittelt werden, damit sie später *alleine* weiterlernen können?
- Welche Unterrichtstechniken müssen *Lehrer* beherrschen, um Schüler zu motivieren?

Die erste Frage beinhaltet die Feststellung, daß es notwendig ist, künftigen Generationen immer mehr beizubringen. Ob dies tatsächlich nötig ist, müßte aber begründet werden. Es ist zwar richtig, daß immer mehr Fakten weltweit verfügbar werden. Wieviel davon jeder Mensch aber wissen muß, müßte erst einmal diskutiert werden. Es kann nicht Ziel des Schulunterrichts sein, Schüler mit einer immer größeren Detailfülle quasi zu erschlagen, solange niemand erklären kann, wozu der Schüler dieses »Wissen« im späteren Leben benötigt.

Die zweite Frage unterstellt, daß bisherige Unterrichtsmethoden ineffektiv waren. Auch dies müßte ausführlich begründet werden, denn immerhin wurde mit den herkömmlichen Unterrichtsmethoden ein zunehmender Teil der Bevölkerung ausgebildet. Vor allem müßte geklärt werden, was in diesem Zusammenhang unter effektiv zu verstehen ist (s. erste Frage).

Die Frage nach Lerntechniken, die Schülern helfen sollen, sich selbständig Wissen anzueignen, wird oftmals in der Weise verstanden, daß Lernen in Regeln faßbar sei und durch spezielle Lerntechnikkurse entsprechendes Wissen gelehrt werden kann. Dabei wird übersehen, daß in diesen Kursen das zu vermittelnde Wissen nur an künstlichen Beispielen geübt werden kann, weshalb ein solcher Unterricht oft den Charakter eines Gedächtnisakrobatiktrainings erhält. Lernen muß aber als ganzheitlicher Vorgang aufgefaßt werden, kann also nur in der Praxis – d.h. im normalen Unterricht – gelehrt werden. Lesen lernt man normalerweise auch nicht durch das Entziffern sinnloser Buchstabenkombinationen, sondern durch das Entziffern natürlicher Worte. Ich will hiermit nicht abstreiten, daß manche Menschen von Lerntechnikkursen profitieren. Dies bedeutet meiner Meinung nach aber nicht, daß wir noch mehr solcher Kurse brauchen. Vielmehr zeigt das, wie sehr Lehrer sich heute im Fachunterricht auf die Darbietung ihres Fachgebietes beschränken, ohne den Schülern zu helfen, das dargebotene Wissen zu verarbeiten.

Durch die vierte Frage, welche Unterrichtstechniken Lehrer beherrschen müssen, um Schüler zu motivieren, wird die Verantwortung für die Motivation der Schüler einseitig den Lehrern zugeschoben. Der Lehrer wird in die Position eines Marktschreiers gedrängt, der seine Ware (das zu vermittelnde Wissen) optimal anpreisen muß. Die Reizüberflutung, der auch jeder Schüler in unserer Gesellschaft täglich ausgesetzt ist, wird im Unterricht fortgesetzt (Filme, Dias, Arbeitsmaterialien, sprachliche Finessen, ...), die Ware »Unterrichtsstoff« (käuflich) erwerbbaren Waren gleichgestellt. Kein Wunder, wenn Schüler mit dieser Ware dann genauso umgehen wie mit den anderen. »Ex und hopp« ist angesagt. Nach der nächsten Klassenarbeit kann der Lehrstoff getrost vergessen werden.

Meiner Meinung nach werden bei der Kritik heutigen Unterrichts oft zwei Punkte übersehen.

Zum einen werden im Unterricht Weltbilder, die Schüler sich selbst geschaffen haben, systematisch als unerwünscht bewertet, solange sie nicht in »wissenschaftlicher« Sprache vorgebracht werden.

Zum anderen tauchen Schüler in der Kritik und den resultierenden Lerntheorien häufig nur als Objekte auf, denen bestimmtes Wissen, Problematiken, Weltbilder etc. vermittelt – besser: eingetrichtert – werden sollen.

Vom Umgang mit Weltbildern bei Schülern
Den ersten Punkt will ich veranschaulichen, indem ich ein Unterrichtsbeispiel einem Lehrbuchtext gegenüberstelle.
Beispiel 1: »Warum schwimmt ein Schiff?
23 Buben einer 4. Klasse (Alter 8,3-9,5 Jahre) erörterten am Dienstag, 26. 11. 1968, in der 1. Stunde Fragen um ein merkwürdiges Phänomen. Der Lehrer hatte von seinem Besuch im Hamburger Hafen berichtet, im besonderen von einem eisernen Lastschiff, das fast bis zum Rand mit Sand beladen war und trotzdem schwamm.

Der Lehrer ließ dann ein 10cm langes oben offenes Plastikschiffchen auf dem Wasser schwimmen und fragte dann, warum es wohl schwimme. Ein freies Gespräch unter den Buben entfaltete sich. Ich zitiere einen Abschnitt:

Thomas I: Das Schiff, das verdrängt ja Wasser, z.B. in einem großen See verdrängt das Schiff Wasser, und das Wasser drückt von unten das Schiff immer weiter hoch. Das Wasser will ja auch im See bleiben. Wenn du zum Beispiel 'ne Hand in irgendeinen Eimer tust, dann wird das Wasser höher, dann steigt es, und so ist es beim Schiff auch.

Uwe: Auch wie der Männe (Thomas I) sagte. Das Schiff, das macht ja 'ne große Menge Wasser weg, drückt es ja an die Seite. Das Wasser möchte ja auch keine Delle wie die Luft, und des drückt dann das Schiff wieder hoch, damit's nicht untergeht.« (Wagenschein, Kinder auf dem Weg zur Physik, 1973, zitiert nach /RUMPF, 1987, S. 108/)

Beispiel 2: »In einem Lehrbuch der Physik stehen folgende Sätze: ›Beim Herausziehen eines Steins aus dem Wasser spürt man, daß dieser im Wasser leichter als in der Luft ist. Den scheinbaren Gewichtsverlust, den jeder in eine Flüssigkeit eingetauchte Körper erfährt, bezeichnet man als Auftrieb. Um den Zusammenhang zwischen dem Gewichtsverlust und der von ihm verdrängten Flüssigkeitsmenge kennenzulernen, stellen wir den folgenden Versuch an...‹
Es folgt eine Abbildung und Beschreibung eines Experiments, bei dem ein Stein ein volles Gefäß Wasser zum Überlaufen bringt – es interessiert dann nur noch das übergelaufene Wasser, sein Gewicht und der Vergleich dieses Gewichts mit dem Gewichtsverlust des Steins.« (/RUMPF, 1987, S. 113/)

In beiden Fällen soll den Schülern dasselbe physikalische Phänomen beigebracht werden. Im ersten Fall haben die Schüler die Möglichkeit, mittels ihrer eigenen Phantasie und ihrer eigenen Weltvorstellungen den physikalischen Vorgang zu erklären, und kommen dabei zu überraschend treffenden Aussagen. »Das Wasser drückt von unten das Schiff ... hoch.« »Das Wasser will ja auch im See bleiben.« »Das Wasser möchte ja auch keine Delle wie die Luft.« Solche Aussagen sind auch vom physikalischen Standpunkt aus nicht zu widerlegen. Warum wird dieser Sachverhalt aber in den meisten Schulbüchern und von den meisten Lehrern auf eine formale, abstrakte Weise behandelt wie in dem zweiten Text?

»Den scheinbaren Gewichtsverlust, den jeder in eine Flüssigkeit eingetauchte Körper erfährt, bezeichnet man als Auftrieb.« Wer kann mit solchen abstrakten Formulierungen etwas anfangen? Wer kann solche Aussagen mit seinen bisherigen Erfahrungen verbinden? Neues wird aber nur dann verständlich, wenn wir es mit Altem, bereits Gelerntem oder Erlebten verknüpfen können.

Wie wenig dies in dem letzten Fall möglich ist, zeigt ein kleines Experiment: Versuchen Sie, sowohl den abstrakten Lehrbuchsatz als auch die Formulierung der Kinder aus dem Gedächtnis zu wiederholen. Legen Sie dazu das Buch verdeckt zur Seite. –

Ich vermute, daß die Erinnerung an die bildhafte Beschreibung der Schüler bei den meisten Menschen wesentlich intensiver sein wird. Sicher, wir sind es gewohnt, Gegenständen einen eigenen Willen abzusprechen. Aber ist die Oberflächenspannung des Wassers nicht gerade ein Beweis dafür, daß das Wasser zusammenbleiben (bzw. im See bleiben) will? Wieso maßen wir uns an, solche Vorstellungen der Schüler als unwissenschaftlich abzuqualifizieren? Woher soll die Kreativität zukünftiger Wissenschaftler beim Forschen kommen, wenn eigene Vorstellungen und Phantasien der Schüler nicht akzeptiert, geschweige denn gefördert werden?

Nicht immer waren solche Gedanken und Formulierungen wie die der Schüler den Naturwissenschaftlern fremd. Galilei hat seine Beobachtungen des Mondes in einer äußerst bilderreichen Sprache verfaßt:

»›Solange der Mond – sowohl vor als nach Neumond – nicht weit von der Sonne sich befindet, ist seine Kugel nicht nur auf der Seite, wo sie mit leuchtenden Hörnern geschmückt ist, für uns sichtbar, sondern ein zarter schwach leuchtender Rand scheint auch den Teil des finsteren, d.h. der Sonne abgekehrten Teils nachzuzeichnen und vom dunkleren Hintergrund des Himmels abzuheben. Bei genauerem Hinschauen aber werden wir sehen, daß nicht nur der äußerste Saum des finsteren Teils mit einer gleichsam unsicheren Helligkeit leuchtet, sondern daß das volle Antlitz des Mondes – d.h. dasjenige, das noch nicht vom Sonnenglanz berührt wird – von einem gewissen gar nicht schwachen Licht aufgehellt wird. Beim ersten Hinsehen scheint jedoch nur ein dünner Umriß zu leuchten wegen der abgrenzenden dunkleren Himmelsbezirke; die übrige Oberfläche dagegen erscheint dunkler, weil sie an die glänzenden Hörner stößt, die unsere Sehschärfe beeinträchtigen...‹

Nach einer Erörterung möglicher Ursachen des Phänomens und nach der Verwerfung bestimmter Erklärungen fährt der Autor fort:

›Da also ein derartiger sekundärer Glanz weder ein angestammtes Eigenlicht des Mondes, noch von irgendwelchen Sternen noch von der Sonne geborgt ist und da in der Weite des Weltalls kein anderer Körper mehr übrig ist außer nur noch der Erde – was bitt' ich, müssen wir da vermuten? Was müssen wir vorbringen? Doch nicht etwa, daß der Mond selbst oder irgendein anderes überschattetes und finsteres Ding von der Erde Licht empfängt? Was ist daran verwunderlich? Jawohl: in gerechtem und dankbaren Austausch zahlt die Erde dem Mond eine gleiche Beleuchtung zurück, wie sie sie auch selbst die ganze Zeit über vom Mond im tiefsten Nachtdunkel empfängt. Ich will diese Tatsache klarer dartun ...

In solchem Zyklus also wechselnd, spendet uns der Mondschein jeden Monat bald helleres, ein andermal schwächeres Licht. Aber die Gabe wird von der Erde mit gleichem Gewicht aufgewogen. Solange nämlich der Mond um Neumond unter der Sonne steht, sieht er die Oberfläche der der Sonne ausgesetzten und von lebhaftem Strahlen erleuchteten Erdhalbkugel voll und empfängt das von ihr zurückgeworfene Licht. Infolge eines solchen Widerscheins also zeigt die untere Mondhalbkugel, obgleich ohne Sonnenlicht, eine beträchtliche Leuchtkraft.‹« (Galilei, G., Siderius Nuncius, Frankfurt a. M., 1965, S. 99, 101f; zitiert nach /RUMPF, 1987, S. 141 f/)

Erst in den folgenden Jahrhunderten entwickelte sich die abstrakte naturwissenschaftliche Fachsprache, die heute auch den Schulunterricht prägt.

Mag sie im wissenschaftlichen Bereich eine gewisse Berechtigung haben, im Schulunterricht ist es aber nicht angebracht, durch eine solche Sprache nur noch quantifizierbare Aspekte der Natur in den Vordergrund des Unterrichts zu stellen. Genau dies wird aber durch diese abstrakte Sprache erreicht: Wieviel Wasser wird verdrängt? Was wiegt dieses Wasser? Wie groß ist der Auftrieb? Sicher, diese quantitativen Aspekte müssen auch gelehrt werden, aber wir müssen aufpassen, daß darüber nicht alles andere verloren geht: das Staunen, das sich Vergegenwärtigen, das Hin- und Herüberlegen, das sich Hineinversetzen.

»Das Anschneiden neuer Fragen, die Erschließung neuer Möglichkeiten, das Aufrollen alter Probleme von einer neuen Seite her – das sind Aufgaben für einen schöpferischen Geist, das ist der wahre wissenschaftliche Fortschritt.« (Albert Einstein, Leopold Infeld: Die Evolution der Physik; zitiert nach /EDWARDS, S.16/).

Nur zu oft führt die hier beschriebene Unterrichtsweise dazu, daß Schüler den Unterrichtsstoff nicht mit ihrer Lebenswirklichkeit in Einklang bringen können. Das wird noch dadurch verstärkt, daß Lehrer sich Fragen entziehen, indem sie darauf verweisen, eine Antwort sei zu schwierig und weiterführender Lehrstoff käme erst im nächsten Schuljahr. Eine solche Ausrede zeigt immer, daß die Lehrer kein Interesse an den Problemen der Schüler haben (sonst würden sie mit den Schülern gemeinsam nach einer Lösung suchen) und daß den Schülern Stoff vermittelt wurde, den sie so nicht verstehen konnten; sie müssen ihn also glauben und können ihn für die Klassenarbeit nur auswendig lernen:

»Kopernikanische Schnellinformation
Aus dem Brief eines Vaters (Physiker), der ein Gespräch mit seiner Tochter aufgeschrieben hat. Die Tochter ist 8 Jahre alt und geht in die dritte Klasse.

Tochter: Heute war's in der Schule schön: Wir haben was über die Sonne gelernt.
Vater: Was denn?
Tochter: Wo sie auf- und untergeht. Im Osten geht sie auf und im Westen unter. Und nachts ist sie im Norden. (Deutet mit dem Arm in die genannte Himmelsrichtung. Pause) Aber in Wirklichkeit dreht sich ja die Erde um sich selbst; die Sonne bewegt sich nicht.
Vater: Wie soll sich denn die Erde drehen wie ein Karussell, davon merken wir doch gar nichts? Außerdem kannst du doch sehen, wie sich die Sonne am Himmel bewegt, genauso wie der Mond auch.

Tochter: Na, die riesige Sonne soll sich um die kleine Erde drehen?
Vater: Wieso ist denn die Sonne so riesig? Du weißt doch, wie klein sie am Himmel ist.
Tochter: Doch nur, weil sie so weit weg von uns ist!
Vater: Woher weißt du denn das?
Tochter: Fahr doch mal hin, dann wirst du's schon merken. Sie ist ein paar Meilen von uns weg.
Vater: Wieso ein paar Meilen?
Tochter: Gibt es denn noch was Größeres als Meilen? (kurze Diskussion über Längenmaße.)
Tochter: Aber wenn sich die Erde um sich selbst dreht, dann sind wir ja manchmal oben und manchmal unten! Und fallen trotzdem nicht runter!
(An dieser Stelle dachte ich erleichtert, nun sind ihr doch Zweifel gekommen. Aber offenbar war die Frage nur rhetorisch gemeint und vermutlich schon von der Lehrerin in dieser Form als rhetorische Frage gestellt worden. Die Antwort kam nämlich gleich darauf.)
Tochter: Wir fallen nicht runter, weil die Erde magnetisch ist und alles anzieht.
Vater: Aber du weißt doch, daß ein Magnet nur Eisen anzieht.
Tochter: Na ja, es ist ja nicht richtig magnetisch. Das ist noch zu schwer, das kriegen wir erst später. Und dann: stell nicht so dumme Fragen, du weißt's ja doch besser als ich.« (Wagenschein, Kinder auf dem Weg zur Physik, Stuttgart 1973, S. 72f, zitiert nach /RUMPF, 1976, S. 23f/)

Durch eine solche Unterrichtsweise wird eine Wissenschaftsgläubigkeit erzeugt, die gesellschaftlich äußerst gefährlich ist. Was die Schüler dabei in erster Linie lernen, ist der Glaube, daß es für alle Probleme und jede Lebenslage Experten gibt, die eine passende Lösung bereits gefunden haben. Verlernt wird dabei das Vertrauen in die eigene Kompetenz, denn die eigenen Vorstellungen können anscheinend nie so gut begründet werden wie die »Erkenntnisse«, die der Lehrer vorbringt.

Der Trick des Lehrers, in seiner Begründung auf die kommenden Schuljahre oder auf Experten zu verweisen, wird nur selten hinterfragt. Dabei können die meisten Naturwissenschaftler schon mit simplen Fragen zu alltäglichen Erscheinungen auf die Grenzen ihres naturwissenschaftlichen Wissens gestoßen werden. Warum wird die

Fahrradluftpumpe beim Pumpen heiß? Erwärmt sie sich überall gleich stark? Gibt es eine Stille vor dem Sturm? Warum? Hört man gegen den Wind besser oder mit dem Wind? Wie oft können Sie sich sehen, wenn Sie vor zwei Spiegeln stehen, die in einem bestimmten Winkel zueinander aufgestellt sind? Wer wird nicht zumindest bei einigen dieser Fragen Schwierigkeiten haben, eine plausible Antwort zu formulieren?

»Wer kann wirklich in einen Dialog eintreten, ohne sich sofort auf Bücher, auf Autoritäten, auf Forschungsergebnisse anderer berufen zu müssen und dadurch den Gegenüber in die Rolle des nur noch zu belehrenden Objekts, sich aber in die des auch recht unmündigen, priesterlichen Vermittlers von Wissenschaft zu manövrieren?« (/RUMPF, 1976, S. 15/)

Für einige dieser Fragen gibt es sogar eindeutige physikalische Lösungen, aber eben nur für einige (»Lösungen« siehe am Schluß dieses Kapitels). Doch selbst wenn es mehr oder weniger gesicherte wissenschaftliche Erkenntnisse zu einer Frage gibt, warum behaupten wir, daß dies die einzig gültige Sichtweise sei?

Von Wagenschein ist ein interessanter Briefwechsel überliefert, der während einer Bildungsmaßnahme in Mittelamerika entstand. Darin wird eine andere Möglichkeit sichtbar, mit wissenschaftlichen Erkenntnissen und überliefertem (mythologischem) Wissen umzugehen. »Die Rückfrage bezog sich auf den großen Schrecken dieser Länder, die Erdbeben: ›Ihr habt uns gelehrt, wie die Erdbeben entstehen. Aber unsere Alten sagen, das sei das Zucken der großen Schlange, auf der die Erde ruht.‹ Die Antwort: ›Von der großen Schlange wissen wir nichts mehr. Was wir euch sagen, ist die Überzeugung der Gelehrten.‹« (Wagenschein, Dialogische Allgemeinbildung in Mittelamerika, in: Neue Sammlung 15 (1975), Heft 2; zitiert nach /RUMPF, 1976, S. 15/)

Eine solche Vorgehensweise ist auch bei Fragen möglich, die unsere Kinder stellen. Es geht bei der Beantwortung einer solchen Frage nicht darum, neueste wissenschaftliche Erkenntnisse zu vermitteln. Vielmehr muß zusammen mit dem Kind eine Antwort gesucht werden, die der Denkweise des Kindes angemessen ist. Vorschläge der Kinder sind dabei ernsthaft zu prüfen und nur in begründeten Ausnahmefällen zu verwerfen.

Dies muß im Zusammenhang mit den geistigen Entwicklungsstadien bei Kindern gesehen werden, die Piaget nachweisen konnte.

Nach Piagets Studien besteht eine direkte Abhängigkeit zwischen den Denkweisen, die einem Kind zur Verfügung stehen, und seinem Lebensalter. Ein Kind im Alter von 4-7 Jahren kann z.b. Wassermengen in unterschiedlich geformten Behältern nicht richtig schätzen. Dies kann durch einen einfachen Versuch gezeigt werden: Man nehme zwei gleiche Becher und fülle sie gleichermaßen mit Wasser. Nun zeigt man dem Kind beide Becher und füllt dann den Inhalt eines Bechers in eine schmale hohe Röhre. Auf die Frage, in welchem Behälter sich mehr Wasser befindet, werden die meisten Kinder die Röhre angeben, »weil das Wasser in der Röhre höher steht.«

Aber auch in alltäglicheren Situationen kann dieser Effekt beobachtet werden. So möchten viele Kleinkinder ihren Trinkbecher genauso voll gefüllt haben wie die Erwachsenen. Wie groß ihr Becher im Verhältnis zu dem der Erwachsenen ist, spielt dabei keine Rolle. Sollen die Kinder also nicht so viel trinken, kann man getrost einen kleinen Becher wählen.

Ein anderes Experiment kann erst mit 11-15jährigen Jugendlichen erfolgreich durchgeführt werden.

Die Jugendlichen erhalten die Aufgabe, vierfarbige Scheiben in allen möglichen Einer-, Zweier-, Dreier- und Viererkombinationen anzuordnen (ohne Berücksichtigung der Reihenfolge). Kinder können zwar einige dieser Kombinationen legen, aber erst im Alter von 11-15 Jahren ist das formale Denken so weit entwickelt, daß die Aufgabe so systematisch gelöst werden kann, daß wirklich alle Kombinationen gefunden werden. Da diese Stadien der geistigen Entwicklung von Kindern kulturunabhängig nachweisbar sind, zeigt dies in erster Linie, welche Fähigkeiten Menschen in der natürlichen Umwelt am dringendsten benötigen. Diese lernen sie zuerst.

Beim Unterrichten von Kindern sollte auf diese Entwicklungsstadien Rücksicht genommen werden, denn Kinder lernen dann am besten, wenn der Lehrstoff an ihrer geistigen Entwicklung angepaßt ist. Ist der Lehrstoff zu komplex, bleibt den Schülern nur die Möglichkeit des Auswendiglernens; eine Auseinandersetzung mit dem Gelernten ist dann nicht möglich.

Papert hat in seinem Buch »Mindstorms« angeregt, durch das Zurverfügungstellen formaler Spielumgebungen die Entwicklung fomaler Denkweisen zu beschleunigen. Er geht davon aus, daß sich formales Denken erst deshalb so spät bei Kindern ausbildet, weil ihre Lebenswelt arm an entsprechendem Spielmaterial ist.

Da in unseren zukünftigen computerreichen Gesellschaften formale Denkweisen unabdingbar seien, glaubt Papert, diese durch entsprechendes Spielmaterial fördern zu müssen. Dieser Idee liegen gleich mehrere Fehler zu Grunde: Als erstes muß untersucht werden, was daraus folgt, daß unsere zukünftige Gesellschaft »computerreich« sein wird (vorausgesetzt, sie wird es sein).

Nach einer Untersuchung, die im September 1985 in der führenden bildungspolitischen Zeitschrift in den USA »Phi Delta Kappan« veröffentlicht wurde, werden 1995 nur 1% aller Beschäftigten »expertise« im Umgang mit Computern benötigen. Unter »expertise« wird dabei Herstellung, Unterhaltung, Wartung und Reparatur von Computern verstanden.

»Alle anderen Arbeitskräfte«, heißt es wörtlich, »können die notwendigen Kenntnisse im Umgang mit Computern während der Arbeitszeit lernen und zwar innerhalb von Stunden bis wenigen Wochen« (/ROLFF/).

Ein besonderes Training schon im Kindesalter scheint also absolut unnötig. Abgesehen davon könnte man sich aber auch darüber streiten, ob die Reihenfolge der Entwicklungsstadien sich wirklich beeinflussen läßt.

Dies wäre aber die falsche Ebene für eine Auseinandersetzung; wesentlich wichtiger wäre die Diskussion, wie sich eine solche Beeinflussung der Kinder auf deren Entwicklung auswirken wird und – vor allem – wie sich diese Kinder in einer natürlichen Umgebung zurechtfinden sollen. Man wird doch nicht davon ausgehen können, daß künftige Generationen tagaus tagein nur noch mit Maschinen und künstlichen Welten umzugehen haben. Die heutigen Umweltprobleme zeigen doch vielmehr, daß wir zwar einzelne Maschinen relativ gut beherrschen können, aber die Beziehung zu unserer natürlichen Umgebung verloren haben, es also gerade nicht darum geht, unsere formalen Denkweisen zu optimieren, sondern daß wir uns solche Verhaltensweisen wieder aneignen müssen, die es uns ermöglichen, eine Beziehung zur natürlichen Umwelt aufzubauen, die auf Gegenseitigkeit beruht.

Papert meint, duch seine Erziehungsmethode könnten die Entwicklungsstadien vertauscht werden; die Kinder würden demnach früher formale Denkweisen beherrschen und andere Verhaltensweisen später lernen (/PAPERT, S. 215/). Meiner Meinung nach erreicht man durch diese Erziehung etwas anderes: Die formalen Denkweisen mögen eventuell früher verfügbar sein, was bislang noch niemand beweisen konnte, denn die Forschung zeigt eher, daß die piagetschen Entwicklungsstadien durch gezieltes Lernen nur in sehr geringem Maße beeinflußt werden können; auch die Folgewirkungen entsprechender Versuche wurden bislang nicht untersucht. (s. /LEFRANCOIS/) Ich glaube vielmehr, daß weitere Verhaltensweisen noch mehr verkümmern werden. Denn es ist keineswegs so, daß Kinder in jeder Altersstufe gleich gut bestimmte Fertigkeiten lernen können.

Aus der Lernforschung ist bekannt, daß sich bestimmte Verhaltensweisen – ähnlich wie körperliche Fertigkeiten – in einem bestimmten Alter ausprägen. Erhalten die Kinder während dieser Zeit keine angemessenen Anreize, wird es hinterher nur schwer oder überhaupt nicht möglich sein, diese Entwicklung nachzuholen. Aus Tierexperimenten ist z.B. bekannt, daß Enten- und Gänseküken sich innerhalb der ersten 24 Stunden ihres Lebens auf ihre Mutter fixieren. Dabei akzeptieren sie jeden bewegten Gegenstand; eine Prägungszeit von 10 Minuten ist ausreichend. Bekannt geworden sind diese Experimente z.B. durch Konrad Lorenz, der die Rolle der Gänsemutter für ein Gänseküken »übernahm«.

Auch im menschlichen Leben wurden Phasen festgestellt, die für das restliche Leben von entscheidender Bedeutung sind. Aus Amerika wird z.B. berichtet, daß Kinder, die in ihren ersten fünf Lebensjahren intensiv ferngesehen haben bzw. fernsehen mußten, nicht mehr in der Lage sind, eine Sprache vollständig zu lernen (/HÜHOLDT, S. 235/).

Personenzentrierter Unterricht
Soweit zu dem ersten Punkt, der bei der Kritik heutigen Unterrichts oft übersehen wird.

Das Zweite ist die Auffassung vieler Kritiker, Schüler seien Objekte, die z.B. in einer Lerntheorie beliebig auswechselbar sind. Diese Auffassung resultiert daraus, daß versucht wurde (bzw. wird), erfolgreiche Methoden aus der naturwissenschaftlichen Forschung auf den pädagogisch-psychologischen Bereich zu übertragen. Mit Hilfe dieser Methoden ist es auch gelungen, bestimmte menschliche und tierische Verhaltensweisen erstaunlich gut zu erklären. Man denke nur an die Experimente der Behaviouristen zur Konditionierung.

Für die Praxis erwiesen sich diese Ergebnisse aber bislang als unbrauchbar. Die prognostizierten Effekte werden von Seiteneffekten, die bei der Forschung vernachlässigt wurden, überlagert und zum Teil zunichte gemacht (/SCHEILKE, S. 11/).

Für die Praxis scheinen nur solche Forschungsergebnisse verwendbar zu sein, die in realweltlichen Situationen gewonnen wurden und nicht in künstlichen Laborumgebungen (z.B. /ROGERS/, /SCHEILKE/). In solchen Berichten wird deutlich, daß Unterricht dann erfolgreich ist, wenn die Lehrer die Schüler als Subjekte, als Menschen anerkennen – und umgekehrt; d.h. sowohl Lehrer als auch Schüler müssen versuchen, sich gegenseitig ernst zu nehmen.

Geschrieben ist eine solche Aussage schnell, aber wie soll ein solcher Ansatz in der Praxis aussehen? Viel wäre gewonnen, wenn die im vorigen Abschnitt besprochenen Hinweise berücksichtigt würden, also den Schülern von Lehrerseite gezeigt würde, daß ihre Weltvorstellungen wichtig und hilfreich für den Unterricht sind. Des weiteren wäre zu wünschen, daß der Lehrer seine persönlichen Vorlieben (und Abneigungen) in dem Fachgebiet vermitteln würde. Er könnte versuchen, den Schülern eine Vorstellung davon zu geben, warum er gerade dieses Fach unterrichtet, was ihn daran begeistert, aber auch, was ihm nicht so liegt, warum diese Themen aber trotzdem wichtig sind (oftmals nicht nur, weil sie im Lehrplan stehen).

Mitmenschen (in diesem Fall die Schüler) lassen sich immer wesentlich besser von einer Sache überzeugen, wenn sie sehen, daß die Menschen, die ihnen etwas erzählen, diese Worte auch in die Tat umsetzen, wenn also der Lehrer sich auch privat für sein Fach interessiert. Aber wenn ein Biologielehrer nicht zeigt, daß er z.B. die Pflanzen auf dem Schulhof benennen kann oder es wirklich nicht kann, dann braucht er sich nicht zu wundern, wenn die Schüler keine Beziehung zu seinem Fach entwickeln.

Ein solchermaßen persönlich engagierter Unterricht mag riskant erscheinen. In unserer Gesellschaft ist der Glaube daran, daß man sich durch das offene Zeigen von Persönlichem und Privatem eine Blöße gibt, sehr verbreitet. Aber es geht hier nicht um private, familiäre Angelegenheiten, sondern um das persönliche Interesse des Lehrers an seinem Fach. Ich glaube zwar nicht, daß durch das Einbringen persönlichen Engagements sich plötzlich alle Schüler einer Klasse begeistern lassen; ein solcher Anspruch wäre wahrlich zu hoch gegriffen. Aber vielleicht läßt sich der eine oder andere für ein Thema begeistern, und die restlichen Schüler werden mit Sicherheit auch mehr von einem solchen Unterricht haben, als wenn Sinn und Zweck des Unterrichts nur die Note der nächsten Klassenarbeit ist.

Lösungen der Fragen zu den naturwissenschaftlichen Phänomenen:
Warum wird die Fahrradluftpumpe heiß? Die Luftpumpe wird nicht durch die Reibung des bewegten Kolbens erwärmt; dabei müßte sie nämlich relativ gleichmäßig warm werden. Die Erwärmung ist aber hauptsächlich in der Nähe der Ventilöffnung feststellbar. Sie ist darauf zurückzuführen, daß ein Teil der Energie, die der Luft beim Verdichten zugeführt wird, in Wärme umgesetzt wird.

Gibt es eine Stille vor dem Sturm? Warum? Es könnte sein, daß durch die hohen Geschwindigkeiten um einen Tornadotrichter der Schall sehr stark abgelenkt wird.

Hört man gegen den Wind besser oder mit dem Wind? Man hört eine Schallquelle besser, wenn der Wind aus der Richtung weht, in der auch die Schallquelle liegt, wenn also Schall und Wind sich in dieselbe Richtung »bewegen«. Dies liegt daran, daß die Windgeschwindigkeit normalerweise mit der Höhe zunimmt, weil der Wind am Boden durch Hindernisse abgebremst wird. Der obere Teil einer ursprünglich horizontal verlaufenden Welle wird sich mit größerer Geschwindigkeit ausbreiten als der untere. Deshalb wird die Welle nach unten gebrochen. Aus derselben Überlegung ergibt sich, daß eine Schallwelle, die sich entgegen der Windrichtung ausbreitet, nach oben gebrochen wird, da sich der obere Teil der Welle langsamer ausbreitet als der untere.

Wie oft können Sie sich sehen, wenn Sie vor zwei Spiegeln stehen, die in einem bestimmten Winkel zueinander aufgestellt sind? Es gibt keine einfache mathematische Beziehung, die die Zahl der Bilder wiedergibt, die in den beiden Spiegeln auftreten können; diese Zahl ist eine Funktion des Winkels zwischen den Spiegeln und der Anordnung der Gegenstände zwischen den Spiegeln. A.T. Chai (Am. J. Phys., Vol. 39, S. 1390 (1971)) hat sicher die umfangreichste Arbeit über dieses Problem geschrieben.

Die angeführten Fragen und einige Antworten sind dem Buch »Der fliegende Zirkus der Physik« von J. Walker entnommen.

4. Computer im Schulunterricht: Erfahrungen aus der Praxis

Die Rolle des Computers im Fachunterricht

Nach den negativen Erfahrungen mit Programmiertem Unterricht, mit Mengenlehre als neuer Unterrichtsmethode in der Mathematik und – im Fremdsprachenbereich – mit Sprachlaboren, stehen die Lehrer (technischen) Neuerungen skeptisch gegenüber. Daher wurde in der zweiten Hälfte der 70er Jahre in der BRD nur noch vereinzelt an der Weiterentwicklung computerunterstützten Unterrichts gearbeitet. Erst mit der Mikrocomputerwelle Anfang der 80er Jahre lebte die Diskussion über Computer im Unterricht wieder auf.

In vielen Schulen wurden Mikrocomputer installiert und sollten genutzt werden. Neue Software wurde erstellt bzw. aus dem Ausland aufgekauft. Insbesondere in den USA, Großbritannien und Frankreich waren Unterrichtsprogramme kontinuierlich weiterentwickelt worden und hatten z.T. akzeptable Standards erreicht.

Die dort gemachten Erfahrungen mußten in der BRD erst einmal aufgearbeitet werden. Einige Institute begannen daher, Unterrichtssoftware zu sammeln und Kriterienkataloge zur Bewertung der Programme aufzustellen (siehe: /JODL/, /DIETZ/, /SCHULE/, /RÜSCHOFF/, /LANGENSCHEIDT/).

Bei der Bewertung vorhandener Software stellte sich heraus, daß der größte Teil davon kaum brauchbar war und daß zur Entwicklung guter Programme sehr viel Zeit und Erfahrung nötig ist. Nicht zuletzt deshalb verhielten sich viele Pädagogen und Lehrer der neuen Technik gegenüber weiterhin skeptisch und abwartend. /EIGLER, S. 167/ schreibt z.B.: »Zuvieles erinnert gegenwärtig an das Muster der Inszenierung von damals (an das Erscheinen des Programmierten Unterrichts, der Verfasser):
– man erscheine mit einem Paukenschlag;
– man nutze das chronische Mißbehagen am Erziehungswesen;
– man verheiße grundsätzliche Besserung;

- man verweise auf große Erfolge in angeblich vergleichbaren Bereichen;
- man mache Angst: wenn nicht ..., folgt Strafe auf dem Fuße;
- man schiebe Interessen am Menschen in den Vordergrund und kaschiere die eigentlichen Interessen.
- Auf jeden Fall: man halte die Initiative fest in den Händen: das und das ist machbar: wie großartig; wie leicht: Gott sei Dank. Wehe bei Vorbehalten: wer sie äußert, gilt als beschränkt, rückständig, reaktionär.«

Am ehesten wird der Computereinsatz in den Bereichen akzeptiert und für sinnvoll erachtet, in denen er auch in der Wissenschaft oder der Arbeitswelt eingesetzt wird: als Hilfsmittel bei der Durchführung von Experimenten, zur Datenerfassung und -aufbereitung, zur Simulation wissenschaftlicher Modelle, als Textverarbeitungssystem, als Datenbank.

Dies muß im Zusammenhang mit der Diskussion um die Berücksichtigung der »Neuen Technologien« im Schulunterricht gesehen werden. Die Auseinandersetzung geht vor allem darum, was unter der sogenannten »informations- und kommunikationstechnischen Grundbildung« zu verstehen ist. Insbesondere ist man sich nicht einig, in welchem Maße Computerfachkenntnisse gelehrt werden müssen.

Aus den USA sind Prognosen bekannt, die davon ausgehen, daß bis 1995 nur noch 1% aller Beschäftigten solche Fachkenntnisse benötigen (derzeit 5%); alle anderen arbeitenden Menschen könnten die notwendigen Computerkenntnisse während der Arbeitszeit lernen (/ROLFF/).

Einig ist man sich nur darin, daß das Lehren einer Programmiersprache im Pflichtunterricht der Schulen nicht notwendig ist und daß eine informations- und kommunikationstechnische Grundbildung am besten fächerübergreifend gelehrt werden sollte. Entsprechende Unterrichtskonzepte für einzelne Fächer wurden bzw. werden daher ausgearbeitet.

Die Gesellschaft für Didaktik der Mathematik (GDM) warnte allerdings in einer Stellungnahme 1986 (/GDM86/) vor übertriebener Eile bei der Einführung neuer Lehrinhalte und -techniken und fordert umfangreiche empirische Untersuchungen darüber, wie sich der Umgang mit Computern auf das Lernen, Wahrnehmen, Denken, Urteilen und Fühlen der Schüler auswirkt. Wesentliche Aspekte bei der

Vermittlung einer informations- und kommunikationstechnischen Grundbildung sind nach Aussage des niedersächsischen Kultusministeriums (/KUMI87/):
- »Das Aufarbeiten und Einordnen der Erfahrungen, die Schülerinnen und Schüler in ihrer Umwelt mit Informations- und Kommunikationstechniken (IuK-Techniken) machen,
- das Erkennen von Grundstrukturen der IuK-Techniken,
- das Einüben von einfachen Anwendungen der IuK-Techniken,
- das Erwerben von Kenntnissen über die Einsatzmöglichkeiten und -grenzen sowie über die Kontrolle der IuK-Techniken,
- das Beurteilen der Chancen und Risiken der IuK-Techniken,
- das Erwerben von Kriterien zum eigenständigen Beurteilen, Entscheiden und Handeln in allen Lebenssituationen, in denen die IuK-Techniken eine bedeutsame Rolle spielen und damit
- das Aufbauen eines rationalen Verhältnisses zu den IuK-Techniken.«

Um diese Ziele zu erreichen, ist es vor allem notwendig, daß Computer nicht nur ihren Platz im mathematisch-naturwissenschaftlichen Unterricht finden, sondern auch Lehrer aus den Bereichen Sprache, Kunst und Gesellschaftswissenschaften angeregt werden, die Auswirkungen der Computer auf ihre Unterrichtsfächer zu berücksichtigen.

Die Zentrale Beratungsstelle für Neue Technologien in Nordrhein-Westfalen (Paradieser Weg 64, 4770 Soest) bietet deshalb in erster Linie Fortbildungsmaßnahmen für nicht naturwissenschaftlich ausgebildete Lehrer an. Dies wird auch damit begründet, daß bei dieser Lehrergruppe die Hemmschwelle gegenüber dem Computereinsatz besonders hoch ist. Für eine angemessene Behandlung der Thematik im Unterricht ist eine gewisse Fachkenntnis aber unabdingbar; insbesondere lassen sich Möglichkeiten und Grenzen der Neuen Techniken nicht allein durch theoretische Diskussionen aufzeigen. Praktische Beispiele können dies oft besser veranschaulichen. Wie Computer derzeit in den Bereichen Mathematik und Naturwissenschaften, Sozialwissenschaften und Sprachen genutzt werden, wird im folgenden untersucht.

Die Rolle des Computers im mathematisch-naturwissenschaftlichen Unterricht
Der mathematisch-naturwissenschaftliche Bereich bietet sich am ehesten für den Computereinsatz an. Durch die logische Vorgehens-

weise in der Mathematik und die heutzutage in den Naturwissenschaften vorherrschenden analytischen und logischen Ansätze ist es im allgemeinen möglich, Theorien und Modelle zu algorithmisieren und somit auf dem Computer zu bearbeiten.

Daher ist die Bereitstellung von Simulationsumgebungen eine wesentliche Aufgabe für Computer im mathematisch-naturwissenschaftlichen Unterricht – ebenso wie im sozialwissenschaftlichen Unterricht, worauf ich später noch eingehen werde. Wegen der grundlegenden Bedeutung von Computersimulationen wird diese Problematik in einem gesonderten Kapitel näher beleuchtet.

Ein weiteres Aufgabenfeld für Computer besteht im Bereich des Experimentierens, wo sie für die Meßdatenerfassung und -aufbereitung eingesetzt werden können.

Obwohl dies auf der einen Seite sicherlich eine gute Möglichkeit ist, den Schülern sinnvolle Einsatzbereiche von Computern vorzuführen, muß auf der anderen Seite berücksichtigt werden, daß vom Rechner ausgeführte Tätigkeiten dem unmittelbaren Erlebnisbereich der Schüler entzogen werden. Ein Experiment ist immer ein Bindeglied zwischen realer Welt und wissenschaftlicher Modellvorstellung. Vom Rechner werden Teile der Datenaufbereitung durchgeführt, so daß zu Tätigkeiten, die der Lehrer früher an der Tafel vorgeführt hat und die Schüler z.T. individuell nachvollziehen mußten, kein direkter Bezug mehr besteht. Nur durch das Nachvollziehen von Teilen des Programmlistings wird der bisherige Zugang zur Datenaufbereitung nicht ersetzt werden können. Von daher wird durch den Computereinsatz das Experiment stärker abstrahiert und für die Schüler schwerer verständlich.

Ein weiterer Aspekt des Computereinsatzes beim Experimentieren ist, daß vor allem Schüler, die bislang kaum Kontakt zu Computern hatten, durch diese Geräte vom eigentlichen Experiment abgelenkt werden. Aus den genannten Gründen wird es notwendig sein, Schüler behutsam mit Computern bekannt zu machen. Hierfür werden sicherlich diverse Unterrichtsstunden aufgewandt werden müssen, und man sollte nicht erwarten, daß dieser Aufwand durch intensive Nutzung des Computers bei späteren Experimenten wieder hereingeholt werden kann, ohne die Qualität des Unterrichts zu senken.

Die mit Hilfe eines Computers bei der Darstellung eines Lehrstoffes eingesparte Zeit wird sich sicherlich negativ auf das Verständnis der Schüler von diesem Thema auswirken.

Neben Software, die direkt im Schulunterricht eingesetzt werden kann, wird auch solche für das individuelle Üben und Lernen entwickelt. Diese »Drill and Practice«-Programme werden im Bereich der Mathematik z.B. für das Üben der Grundrechenarten, der Bruch- und Potenzrechnung, der Klammerrechnung, quadratische Gleichungen und die Funktionenanalysis angeboten. Aus dem naturwissenschaftlichen Bereich sind mir keine vergleichbaren Programme bekannt. Anforderungen, die aus didaktischer Sicht an solche Programme gestellt werden, gleichen denen, die generell gute Unterrichtssoftware – auch im sozialwissenschaftlichen und sprachlichen Bereich – auszeichnet. Daher werden diese Kriterien im Anschluß an die Darstellung der fachspezifischen Computernutzungsmöglichkeiten erörtert.

Die Rolle des Computers im sozialwissenschaftlichen Unterricht
»Drill and Practice«-Programme werden von Fachdidaktikern im sozialwissenschaftlichen Unterricht fast einhellig abgelehnt.

Sinnentleertes Abfragen von Hauptstädten, Flußnamen etc. hat im heutigen Geographieunterricht, für den die meisten Programme dieser Art angeboten werden, keinen Platz mehr. Auch in diesen Fächern wird der Computer von Pädagogen in erster Linie als Werkzeug eingesetzt, also für Simulationen und als Datenbank. Gerade Simulationen spielen in den Sozialwissenschaften heute eine große Rolle. Allerdings wurde festgestellt, daß Unterrichtskonzepte für diese Thematik nicht leicht zu erstellen sind. Die im deutschsprachigen Raum entwickelten Konzepte stecken noch in den Kinderschuhen. Insbesondere sind die Programme nicht transparent genug und das Begleitmaterial unausgereift.

Aus dem »Computer in the Curriculum«-Projekt (kurz CIC genannt), das seit 1969 am britischen Chelsea College durchgeführt wird, sind brauchbare Programme bekannt, zu denen auch umfangreiches Begleitmaterial erstellt wurde. Technische Hinweise zur Bedienung der Programme, didaktische Hinweise zur Integration der Programme in den Fachunterricht, bis hin zu Arbeitsmaterialien für die Schüler finden sich in den Begleitmaterialien. Doch obwohl inzwischen über die Hälfte der Arbeitszeit für die Erstellung des Begleitmaterials aufgewendet wird, läßt es noch viele Wünsche offen.

Unterrichtskonzepte zum Einsatz von Datenbanken im sozialwissenschaftlichen Unterricht sind mir bisher noch nicht bekannt. Dies hängt sicherlich damit zusammen, daß Datenbanken auf den in den Schulen vorhandenen 8-Bit-Rechnern nicht sinnvoll implementiert werden können. Zwar empfiehlt das niedersächsische Kultusministerium seit Dezember 1986 16-Bit-Rechner mit Arbeitsspeichern ab 256 kByte (Betriebssystem MS-DOS), stellt aber in derselben Empfehlung fest: »Eine problematische Rolle spielen ... die Datenbanksysteme. Einfache und sehr preiswerte Produkte sind oftmals nicht einfach zu handhaben, komfortable und teurere Produkte dagegen erfordern Rechner mit einem Arbeitsspeicher von mehr als 256 Kbyte. (...) Es ist geplant, ein ›Schul-Datenbanksystem‹ mit reduzierten Eigenschaften und einer bedienerfreundlichen Benutzeroberfläche zu entwickeln bzw. auf entsprechende bereits vorhandene Entwicklungen zurückzugreifen.« (/KUMI86, S. 16, nichtamtlicher Teil/)

Die Rolle des Computers im muttersprachlichen Unterricht
Im muttersprachlichen Unterricht werden in näherer Zukunft Textverarbeitungssysteme den Schwerpunkt der Computernutzung bilden. Es scheint, daß bei Schülern die Bereitschaft und Fähigkeit, Texte zu erstellen, beim Einsatz dieser »intelligenten Schreibmaschinen« zunimmt.

Schreibhemmungen – aufgrund von Rechtschreibschwächen oder übertriebenen Schönheitsanforderungen an das Schriftbild (von Seiten des Schülers selbst oder seiner Umwelt) – konnten in einigen Fällen mit Hilfe von Textverarbeitungssystemen abgebaut werden. Inwieweit sich diese Erfahrungen im schulischen Alltag bestätigen, muß geprüft werden. Hierfür wären wissenschaftlich begleitete Pilotstudien angebracht.

Außerdem muß gefragt werden, was es bringt, Schülern den Umgang mit einem bestimmten Textverarbeitungssystem beizubringen, wenn sich neuere und bessere Systeme bereits den Markt erobern. Sicherlich hilft die Kenntnis eines Systems in begrenztem Maße, sich in ein neues einzuarbeiten. Textverarbeitungssysteme (ver)führen aber auch dazu, mehr Zeit für einen schönen Ausdruck aufzuwenden als für den eigentlichen Inhalt. Wegen des ständigen Strebens nach noch schönerem Layout ist zu befürchten, daß die anfängliche Motivation, Texte zu erstellen, sich darauf reduziert, Texte perfekt zu layouten bzw. durch perfektes Layout über inhaltliche Schwächen hinwegzutäuschen.

Der Computer kann im muttersprachlichen Unterricht auch als

Hilfsmittel zur Reflexion über Sprache eingesetzt werden. In diesem Bereich bietet der Computer die Möglichkeit, Unterschiede zwischen formalen und natürlichen Sprachen zu veranschaulichen. Einsichten ließen sich gewinnen in die (Un)Regelmäßigkeiten von Sprache sowie in die (Un)Möglichkeit, natürliche Sprache auf einem Automaten zu verarbeiten.

Da derzeit keine Unterrichtskonzepte vorliegen, die diese Thematik mit Hilfe des Computers angehen, sind die Vorstellungen der Fachdidaktiker noch recht vage. Bei weiteren Entwicklungen in dieser Richtung ist der derzeitige Stellenwert solch linguistischer Themen im Deutschunterricht zu berücksichtigen. Es kann nicht der Sinn des Computereinsatzes sein, solche Themenstellungen verstärkt in den Vordergrund des Unterrichts zu rücken.

Im Bereich des computerunterstützten Unterrichts wurden bereits diverse Programme veröffentlicht in erster Linie zum Üben von Rechtschreibung und Grammatik. Obwohl diese Programme bei Fachdidaktikern keinen Anklang fanden, ließen sich anhand dieser negativen Beispiele doch konkrete Vorstellungen für bessere Software entwickeln; Vorstellungen, mit deren Hilfe die Software begutachtet werden kann. (Darauf wird im folgenden Kapitel näher eingegangen.)

Für Rechtschreibprogramme müßte allerdings erst noch nachgewiesen werden, ob die Verbesserung der »Tastendruck-Motorik« eine Verbesserung der »Handschreib-Motorik« nach sich zieht. Es scheint nämlich nicht selbstverständlich zu sein, daß das rechtschreibfehlerfreie Schreiben mit einer Tastatur automatisch zu fehlerfreier Handschrift führt. (s. /SCHULE, S. 78/)

Die Rolle des Computers im Fremdsprachenunterricht
Im fremdsprachlichen Unterricht werden zur Zeit Vokabel-Lernprogramme, Grammatikübungen und Textrezeptions- und Textproduktionsprogramme als Unterrichtssoftware angeboten. Da mit diesen Programmen nur Randbereiche des schulischen Unterrichts abgedeckt werden, können sie diesen auch nur unwesentlich beeinflussen.

Auswirkungen können sie hingegen auf den Bereich des individuellen Lernens haben. Wie groß dieser Einfluß sein wird, ist allerdings entscheidend von der qualitativen Verbesserung der Programme abhängig. So bieten 80% der heutigen Vokabel-Lernprogramme weniger oder höchstens die gleichen Möglichkeiten eines herkömmlichen Karteikartensystems. Die restlichen 20% der Programme können nur in Einzelaspekten besser bewertet werden. Abgesehen davon muß berücksichtigt werden, daß der Sinn des Vokabellernens mit der sogenannten »Klipp-Klapp-Methode« didaktisch äußerst umstritten ist. Die Auswirkungen des Lernens von Wortpaaren (z.B. deutsches Wort – englische Übersetzung) auf das Sprachverständnis des Schülers lassen sich wissenschaftlich kaum nachvollziehen.

Übungsprogramme für Grammatik sind meist wie die Übungen in herkömmlichen Sprachlehrbüchern aufgebaut. Würden Mängel wie undifferenzierte Fehlermeldungen und ungenügende Betriebssicherheit beseitigt, wäre immer noch nicht klar, was für einen Vorteil diese Programme gegenüber Lehrbüchern haben.

Die ausgereifteste Stufe fremdsprachlicher Unterrichtssoftware stellen derzeit Textrezeptions- und Textproduktionsprogramme dar. Dem Benutzer werden Textganzheiten gezeigt, in denen Lücken geschlossen werden müssen. Über Helptasten hat er Zugriff auf semantische, informative und lexikalische Hilfen. Mittels (multiple-choice) Fragen wird das Textverständnis überprüft. Würden bei diesen Programmen die Fehlermeldungen verbessert, so könnten sie fast bedenkenlos eingesetzt werden, obwohl auch hier mit Buch, Wörterbuch, Schreibstift und Papier derselbe Effekt erzielt werden kann.

Im Sprachlabor eröffnet der Computer flexiblere Möglichkeiten der Sprachwiedergabe von Cassette oder Bildplatte. Anstelle der bisherigen linearen Cassettenprogramme können nun Programme entwickelt werden, bei denen aufgrund über Tastatur eingegebener Antworten im Programm verzweigt wird. Heute muß man dabei noch wählen zwischen Einschränkungen durch Spulzeiten bei der Verwendung (speziell entwickelter) Cassettenrecorder und der schlechteren Tonwiedergabequalität von Bildplatten. Auf Bildplatten wird Sprache digital abgespeichert. Durch den begrenzten Speicherplatz und die derzeitige Digitalisiertechnik entspricht die Tonwiedergabe qualitativ der eines Telefons.

Außer den Textverarbeitungssystemen und Unterrichtskonzepten für linguistische Untersuchungen sind alle dargestellten Programme nur im Selbstlernbereich anwendbar. In der Schule könnten diese Programme daher nur sinnvoll eingesetzt werden, wenn die Schüler freien Zugang zu den Computern hätten, z.B. in Freistunden. Ob sich so etwas verwirklichen läßt, bleibt abzuwarten. Die Erfahrungen, die z.B. in den 70er Jahren mit Sprachlaboren gemacht wurden, stimmen skeptisch. Damals wurde festgestellt, daß Gruppenunterricht für Sprachlabore nicht angemessen ist, u.a. weil die Schüler zu viele Möglichkeiten hatten, Unfug zu treiben. Dennoch wurde den Schülern nur in den seltensten Fällen die Nutzung der Sprachlabore zum selbständigen Lernen ermöglicht; meist wanderten die Geräte irgendwann in den Keller, weil die Räume anderweitig benötigt wurden.

Die Ursachen für diese Entwicklung waren vielfältig. Als die technische Möglichkeit bestand, Sprachlabore zu bauen, wurden mit der von /EIGLER/ beschriebenen Inszenierung (s.o.) die Geräte vermarktet, ohne sich zuvor intensiv darum zu kümmern, wie damit gearbeitet werden kann. So wurden sie installiert, und die Lehrer mußten sich um geeignete Bänder bzw. Cassetten kümmern, was im allgemeinen bedeutete, daß sie diese selbst erstellen mußten. Erst nach mehrjähriger Erprobung stellte sich dann heraus, daß Sprachlabore mit guter »Teachware« in erster Linie im Selbstlernbereich wirkungsvoll eingesetzt werden können. Die in den Schulen installierten Geräte waren inzwischen veraltet, und die Nutzung im Selbstlernbereich wurde durch die komplizierte Bedienung erschwert, wenn sie überhaupt möglich war.

Ein Vergleich mit dem Mikrocomputereinsatz ist sicherlich nur bedingt möglich. Die Nutzungsmöglichkeiten von Computern sind vielfältiger, und daher werden bestimmt am Ende die einen oder anderen Nutzungsmöglichkeiten übrig bleiben. Dennoch sollte man aus den Erfahrungen mit Sprachlaboren zumindest lernen, daß die Anschaffung technischer Geräte erst dann angemessen ist, wenn entsprechende Software im Unterricht erfolgreich erprobt wurde. Solange keine guten Unterrichtskonzepte für den Einsatz von Computern vorliegen, ist von der Gerätebeschaffung abzuraten, da die technische Entwicklung wesentlich schneller vonstatten geht als die Entwicklung der Teachware. Bis qualitativ gute Teachware entwickelt wird, sind die angeschafften Geräte längst veraltet und für die inzwischen entwickelte Software meist unbrauchbar.

Anforderungen an Unterrichtssoftware

Auf der Basis ihrer Erfahrungen mit heutigen Lehr- und Lernprogrammen und ihrer Einschätzung der zukünftigen Entwicklung haben Fachdidaktiker Anforderungen zusammengestellt, die von guter, brauchbarer Unterrichtssoftware erfüllt werden sollten. Da der größte Teil heute erhältlicher Software als mangelhaft bzw. nur in einzelnen Aspekten als gut angesehen wird, werden die gestellten Anforderungen im folgenden beschrieben, und es wird untersucht, ob ihre Umsetzung prinzipiell möglich ist. Dabei sollten die folgenden fünf Merkmale einer der Aufklärung und Mündigkeit verpflichteten Bildung nicht aus den Augen verloren werden: Gestaltbarkeit, Durchschaubarkeit, Sinnlichkeit, Ganzheitlichkeit und Solidarität.

»*Gestaltbarkeit* basiert auf dem Verstehen historischer Entwicklungen und auf dem Einblick in deren Gemachtheit und Veränderbarkeit durch menschlich-politisches Handeln.

Durchschaubarkeit geht aus der Fähigkeit des Einzelnen hervor, wissenschaftliches und erfahrungsabhängiges Wissen auf seine Herkunft, Implikationen und Folgewirkungen hin zu reflektieren. Diese Fähigkeit erhält gerade im Hinblick auf black-box-artige Informationsverarbeitungssysteme eine ganz besondere Bedeutsamkeit.

Sinnlichkeit als drittes Merkmal eines neuzeitlichen Bildungsverständnisses meint eine entschiedene Ausrichtung schulischen Lernens und Lehrens auf ›Lebenswelt und Handeln, auf praktische menschlich-sinnliche Tätigkeit‹; der umfassenden Ausbreitung mediatisierter Erfahrungen aus zweiter Hand müßte die Schule konkret wahrnehmbare, unmittelbare Aktivitäten, ›primäre‹ Erfahrungen entgegensetzen.

Mit dem vierten Merkmal, der *Ganzheitlichkeit*, ist gefordert, daß Schule/Unterricht einen Ausgleich bieten sollten für die zunehmende Zerstückelung der menschlichen Arbeit und Lebenspraxis; nicht noch mehr Aufteilung und Spezialisierung sind vonnöten, sondern Aufzeigen von Zusammenhängen, Überwinden der Fächer- und Stundenplanbegrenzungen; Zusammenhalten oder Zusammenführen der menschlichen Grundkräfte von Verstand, Gefühl und Tätigkeit, von Kopf, Herz und Hand ... Hiermit ist zugleich das fünfte Merkmal eines neuen Bildungsbegriffs angesprochen: *Solidarität.*« (/SCHULE, S. 18/)

Vor diesem Hintergrund sind die nun folgenden Anforderungen an gute Unterrichtssoftware zu sehen.

Fachdidaktische Standards
Zum fachdidaktischen Standard gehört natürlich die Anforderung, daß die Inhalte in einem Lehr-/Lernprogramm fachlich richtig darge-

boten werden, z.b. dürfen stetige Kurven in einem Mathematikprogramm nicht punktiert auf dem Bildschirm erscheinen.

Zu jedem Programm muß Begleitmaterial mit didaktischen Hinweisen erstellt werden. Zum einen ist dies notwendig, weil Lehrern die Erfahrung zum Bewerten solcher Programme fehlt, zum anderen können Programme – im Gegensatz zu Büchern – nicht »mal eben« durchgeblättert werden. Dieser »black-box«-Charakter kann durch gutes Begleitmaterial transparent gemacht werden, in dem didaktische Hintergründe, Unterrichtsbeispiele und -erfahrungen beschrieben werden. Nur mit Hilfe solcher zusätzlichen Materialien kann der Lehrer die Unterrichtssoftware gezielt in seinen Unterricht einplanen.

Aus fachdidaktischer Sicht müssen die Programme außerdem Lehrformen und Lernerfahrungen ermöglichen, die ohne Computer nicht oder nur schwer erreichbar sind; insbesondere eignet sich der Computer nicht zur Vermittlung von Wissen in der Form längerer Texte. Auch durch das bloße Übertragen von Übungen aus Lehrbüchern auf Bildschirmseiten lassen sich weder die Kosten für Hard- und Software noch die Gefahren der Bildschirmarbeit rechtfertigen.

Interaktive Standards
Einer der wichtigsten Aspekte der Computer im Vergleich zu anderen Medien ist die Möglichkeit der Interaktion. Daher werden Standards zur Bewertung dieser Möglichkeiten entwickelt (z.B. /SCHULE, S. 35ff/).

Sie sind untergliedert in solche, die Eingriffsmöglichkeiten der Benutzer betreffen und solche, die sich auf die Rückmeldungen des Programms beziehen.

Die *Benutzer* sollten die Möglichkeit haben, Parameterbereiche z.B. in mathematischen und naturwissenschaftlichen Programmen voll auszuschöpfen. Desweiteren sollten Lehrer und Schüler (eventuell in unterschiedlichem Ausmaß) inhaltliche Schwerpunkte, Bearbeitungsgeschwindigkeit und unterschiedliche Schwierigkeitsgrade auswählen können. Damit Lehrer die Programme in ihrem Unterricht sinnvoll einsetzen können, ist es notwendig, daß sie Programmmodifikationen vornehmen können. Ein List- und Kopierschutz wird daher als unpraktikabel angesehen. Da dadurch Finanzierungsprobleme entstehen können, werden Überlegungen angestellt, die Finanzierung durch staatliche Garantien (z.B. Mindestabnahmemengen) abzusichern. Bei den *Rückmeldungen des Programms* ist wichtig, daß mit variablen Antwortmustern Routineverhalten der Benutzer weitgehend unterbunden wird. Geistige Aktivität muß durch das Programm gefördert werden, damit der Benutzer nicht nur reflexartig die Tasten drückt. Dies könnte dadurch verwirklicht werden, daß durch das Programm versucht wird, die Zusammenarbeit zwischen den Schülern zu fördern, oder auch, daß die Schüler zur weiteren Auseinandersetzung mit dem Thema ohne Computerunterstützung – z.B. zur Nutzung bestimmter Literatur – ermutigt werden.

Zu einer sinnvollen Interaktion gehört auch eine gute Fehlerdiagnose. Daß man sich dabei von Entwicklungen in der Künstlichen Intelligenz nicht zuviel versprechen darf, wird an anderer Stelle erörtert. Geht man davon aus, daß Computer nicht differenziert zwischen Verständnis- und Flüchtigkeitsfehlern unterscheiden können, so kommt man zu einer realistischen Einschätzung dessen, was gute Fehleranalysen in absehbarer Zeit leisten können. Vor allem muß man sich bewußt machen, daß die Interaktion mit einem Computer in einer standardisierten, formalen Art und Weise abläuft und komplexe, realweltliche Situationen nur in sehr reduziertem Maße verarbeitet werden können.

Antwortanalyse
Bei der Antwortanalyse ist es in erster Linie wichtig, Tippfehler zu erkennen, um sinnvolle Rückmeldungen geben zu können. Dabei ist zu beachten, daß Computer Eingaben schon dann unterschiedlich interpretieren, wenn Leerzeichern unterschiedlich verwendet werden. Für typische Fehler können spezielle Hinweise für den Schüler vorgesehen werden.

Test auf Leerzeichen: Das Problem, daß durch führende Leerzeichen oder mehrere Leerzeichen zwischen Worten eine Antwort als falsch erkannt wird, läßt sich relativ leicht dadurch lösen, daß führende Leerzeichen und das zweite und folgende Leerzeichen zwischen Wörtern überlesen werden. Obwohl eine solche Routine einfach zu implementieren ist, findet man sie nicht in allen heutigen Unterrichtsprogrammen.

Erkennung von Rechtschreibfehlern: An dieser Stelle sei zuerst einmal darauf hingewiesen, daß Microcomputer, die für CuU verwendet werden, standardmäßig zumindest deutsche Umlaute und Groß- und Kleinschreibung darstellen können müssen.

Im Fremdsprachenunterricht müssen natürlich auch die entsprechenden Sonderzeichen (evtl. das andere Alphabet) darstellbar sein. Um Rechtschreibfehler erkennen zu können, wird heute z.B. mit Routinen gearbeitet, die feststellen, ob ein Buchstabe zu wenig, zu viel oder falsch angegeben wurde; statt eines Doppelbuchstabens ein Einzelbuchstabe eingegeben wurde oder umgekehrt. Solche standardisierten Routinen müssen jedoch sehr behutsam eingesetzt werden, da sonst leicht Verständnisfehler mit Rechtschreibfehlern verwechselt werden. Daher sollten in den entsprechenden Rückmeldungen des Computers auch keine Aussagen darüber getroffen werden, was für eine Art von Fehler vorliegt. Vielmehr wäre eine Meldung sinnvoll, aus der ersichtlich wird, daß die Lösung nicht ganz richtig ist mit einem Hinweis, welchen Lösungsteil der Schüler sich nochmal anschauen soll (z.B. Pfeile auf falsch geschriebene Buchstaben).

Typische Fehler: Ist bekannt, daß Schüler bestimmte Fehler häufig begehen, so können solche typischen Fehler gesondert abgefragt werden. Begeht ein Schüler diesen Fehler, so kann ihm mit gezielteren Rückmeldungen geholfen werden; z.B. könnte im Fremdsprachenunterricht getestet werden, ob beim Übersetzen zwei ähnlich klingende Worte aus der Fremdsprache verwechselt wurden. Die Rückmeldung: »Du hast das Wort xxxxx (zu Deutsch yyyyy) verwendet. Versuche es nochmal«, würde dem Schüler eine weitere Chance geben, die Aufgabe richtig zu lösen.

Mit einem anderen Test könnte festgestellt werden, ob der Schüler einzelne Wörter zwar korrekt übersetzt, den Satz aber grammatikalisch falsch aufgebaut hat. Ein weitere Möglichkeit, dem Schüler weiterzuhelfen, besteht darin, ihm nach einem Fehler – zusätzlich zu einer Information, aus der ersichtlich wird, warum er etwas falsch gemacht hat – bereits bekannte Beispiele zu nennen, in denen die Regel richtig angewandt wurde. Beispielsweise kann im Englischunterricht nach der Eingabe »february« die Rückmeldung erfolgen: »Denk daran – alle Wochentage, Monatsnamen und Nationalitäten haben einen großen Anfangsbuchstaben. Du kennst jetzt schon: Saturday, February, American, Wednesday evening.« (siehe dazu: /RÜSCHOFF/)

Schlüsselwörter, formale Sprachen: Mit Hilfe von Schlüsselwörtern und einigen grammatikalischen Regeln lassen sich Dialogsysteme entwerfen, die auf den ersten Blick recht beeindruckend sind.

Eines der ersten und sicherlich eines der bekanntesten Programme dieser Art ist das »Eliza«-Programm Weizenbaums, das einen psychotherapeutischen Dialog imitiert (oder besser parodiert).

Ein Dialog mit ELIZA
(Die Antworten des Computers sind groß gedruckt. Aus: /WEIZENBAUM/, S.15)

>Die Männer sind alle gleich.
>IN WELCHER WEISE
>Sie machen uns immer wegen irgendwas verrückt.
>KÖNNEN SIE EIN BEISPIEL NENNEN
>Na ja, die Idee zu diesem Gespräch stammt von meinem Freund.
>DIE IDEE ZU DIESEM GESPRÄCH STAMMT VON IHREM FREUND
>Er sagt, daß ich oft deprimiert bin.
>ES TUT MIR LEID VON IHNEN ZU HÖREN DASS SIE DEPRIMIERT SIND
>Das stimmt, ich bin unglücklich.
>GLAUBEN SIE DASS DIESES GESPRÄCH IHNEN HILFT NICHT MEHR UNGLÜCKLICH ZU SEIN
>Ich brauche jedenfalls Hilfe, das steht fest.
>WAS WÜRDE ES FÜR SIE BEDEUTEN HILFE ZU BEKOMMEN
>Vielleicht könnte ich lernen, mit meiner Mutter auszukommen.
>ERZÄHLEN SIE MIR MEHR ÜBER IHRE FAMILIE
>Meine Mutter erledigt alles für mich.
>WER IN IHRER FAMILIE ERLEDIGT NOCH ALLES FÜR SIE
>Mein Vater.
>IHR VATER
>Sie sind ein wenig wie mein Vater.
>WELCHE ÄHNLICHKEIT SEHEN SIE
>Sie sind nicht besonders aggressiv, aber ich glaube, Sie möchten nicht, daß ich das beachte.
>WAS LÄSST SIE VERMUTEN DASS ICH NICHT SEHR AGGRESSIV BIN
>Sie streiten nicht mit mir.
>WIESO GLAUBEN SIE DASS ICH NICHT MIT IHNEN STREITE
>Sie haben Angst vor mir.
>MACHT IHNEN DER GEDANKE SPASS DASS ICH VOR IHNEN ANGST HABE
>Mein Vater hat vor jedem Angst.
>WAS FÄLLT IHNEN NOCH EIN WENN SIE AN IHREN VATER DENKEN
>Angeber.
>HAT DAS ETWAS DAMIT ZU TUN DASS DIE IDEE ZU DIESEM GESPRÄCH VON IHREM FREUND STAMMT

Die Verwendung solcher Techniken zur Gestaltung der Rückmeldung bei CuU-Systemen ist zumindest fragwürdig. Computer können nicht verstehen, was sie ausgeben. Das bloße Anwenden von Regeln bedeutet nicht, daß der Anwender versteht, was er tut.

Die Möglichkeit, daß ein Programm, das auf der Basis solcher Regeln erstellt wurde, sinnlose oder gar falsche Antworten ausgibt, läßt sich daher nicht prinzipiell ausschließen. Da entsprechende Programme aber äußerst komplex sind, führt dies dazu, daß Anwender mit diesen Fehlern nur schlecht umgehen können oder sie eventuell gar nicht als solche erkennen. Die von Pädagogen geforderte Durchschaubarkeit der Unterrichtsprogramme läßt sich so auf keinen Fall mehr verwirklichen. Dazu möchte ich folgendes Beispiel geben:

Das Experiment mit dem chinesischen Zimmer
»Searle schlägt als Gedankenexperiment vor, sich eine Situation vorzustellen, in der eine Person die Operationen eines KI-Computers simuliert. Er nennt es das ›Experiment mit dem chinesischen Zimmer‹.

Im Kern geht es bei diesem Gedankenexperiment um Folgendes: Searle, der versichert, daß er über keine chinesischen Sprachkenntnisse verfügt, ist in einem Raum mit gewaltigen Stapeln von Papier – sagen wir Karteikarten – eingesperrt.

Man legt ihm eine Geschichte vor, die auf chinesisch geschrieben ist, und reicht ihm Zettel in den Raum hinein, auf denen – ebenfalls auf chinesisch – Fragen zu der Geschichte gestellt werden. Natürlich weiß er weder, daß er eine Geschichte vor sich hat, noch ist ihm klar, daß auf den Zetteln Fragen zu der Geschichte stehen. Was er weiß, ist, daß ihm ›versierte Programmierer‹ zahlreiche Regeln mit auf den Weg gegeben haben, die sich darauf beziehen, was er mit den kleinen Zetteln machen soll. Sie schreiben ihm vor, wie er sie in Beziehung setzen soll zu anderen kleinen Zetteln mit chinesischen Schriftzeichen, die er aus dem Raum hinausreicht. Die Regeln lauten etwa: ›Dem Kringel-und-Schnörkel-Zeichen muß das Haken-und-Ösen-Zeichen folgen.‹

Bald ist er sehr geübt darin, diese Regeln zu befolgen, mit den Zetteln in seiner Sammlung richtig umzugehen. Seine Anweisungen sind so exakt und vollständig, daß er in der Lage ist, stets die Zettel hinauszureichen, die in der Tat die richtigen Antworten auf die jeweiligen Fragen enthalten.

Alles dies dient einer Beweisführung, die auf eine rhetorische Frage in klarem Deutsch hinausläuft: Ist die Tatsache, daß Searle die richtigen Antworten gibt, ein Beweis dafür, daß er Chinesisch oder auch nur die Fragen versteht? Die Antwort ist klar: Der Test würde nicht beweisen, daß er Chinesisch versteht. Bewiesen ist lediglich, daß er gut Regeln befolgen kann, die ihm ›versierte Programmierer‹ vorgegeben haben und die ihn in die Lage versetzen, kleine Zettel mit anderen kleinen Zetteln richtig zu kombinieren. ›Ich kann den Turing-Test für Chinesisch bestehen‹, schreibt Searle, ›obwohl ich kein einziges chinesisches Wort verstehe – und das gilt auch für alle digitalen Computer, denn der Computer hat nichts anderes als ich: ein formales Programm, das mit keinem der Symbole irgendwelche Bedeutungen, Interpretationen oder Inhalte verbindet.

Diese einfache Beweisführung macht deutlich, daß kein formales Programm zum Verständnis ausreicht, weil es prinzipiell immer möglich wäre, daß jemand die ganzen Schritte eines Programmes durchgeht, ohne dabei zu dem relevanten Verständnis zu kommen. Und was für Chinesisch gilt, gilt auch für andere geistige Phänomene.‹«(/TURKLE, S. 328f/)

Gerade die Durchschaubarkeit ist aber ein wesentliches Element, um dem Anwender zu verdeutlichen, daß das Unterrichtsprogramm ein Werkzeug ist, mit dessen Hilfe er gewisse Dinge lernen kann. Führt die Interaktion mit dem Programm jedoch des öfteren zu Situationen, in denen der Schüler den Eindruck haben muß, er sei dümmer als das Gerät, so wird es schwer sein, ihm noch begreiflich zu machen, warum er etwas lernen soll, wenn der Computer selbiges doch offensichtlich viel besser kann.

Programmtechnische Standards
Zum programmtechnischen Standard gehört natürlich zuallererst die Forderung nach Betriebssicherheit, insbesondere die Absicherung gegen fehlerhafte Tastenbedienung, sowie der Schutz vor Programmabstürzen.

Die Bildschirmausgabe sollte strukturiert und übersichtlich sein, und die Zeit, die für den Aufbau einer Seite benötigt wird (z.B. bei Grafik) muß in einem akzeptablen Bereich liegen.

Auf die Lesbarkeit der Schrift ist besonders zu achten. Daß sprachliche Sonderzeichen, zu denen in diesem Zusammenhang auch die deutschen Umlaute zu zählen sind, darstellbar sein müssen, wurde bereits erwähnt.

Aber auch im mathematischen und naturwissenschaftlichen Bereich ist auf eine sinnvolle Notation zu achten; es kann nicht akzeptiert werden, daß die im Programm verwendeten Zeichen von denen, die sonst im Unterricht verwendet werden, abweichen. Die Verwirrung, die unterschiedliche Bezeichnungen für denselben Sachverhalt bei Schülern hervorrufen, könnte mehr schaden, als das Programm nutzt.

Die Programmangebote müssen übersichtlich dargestellt sein und sollten jederzeit abrufbar und anwählbar sein. Dem Schüler darf die Kontrolle darüber, was er tun will, nicht entzogen werden. Daher ist auch eine bestimmte Taste vorzusehen, mit der der Programmablauf jederzeit (ohne Absturz) abgebrochen werden kann. Dies ist z.B. auch dann nötig, wenn eine Simulation angestartet wurde und nach dem Start bemerkt wird, daß die Berechnung mit den gewählten Parametern zu lange dauern würde.

Problematisch wird es sein, eine Funktion zu implementieren, mit der die letzte(n) Eingabe(n) rückgängig gemacht werden kann (können). Dabei wird man schnell die Grenzen der Speicherkapazität von Microcomputern erreichen.

Falls mit Funktionstasten gearbeitet wird, so sollte deren Belegung möglichst einheitlich und jederzeit abrufbar sein. Bei manchen Programmen ist es hilfreich, wenn ein Demonstrationslauf mit sinnvollen Parametern vorgesehen wird. Zu guter letzt ist es noch von Interesse, ob (Zwischen)Ergebnisse auf einem Drucker ausgegeben werden können.

Erstellung indiviueller Unterrichtssoftware durch Lehrer

Wenn Pädagogen sich mit der Problematik »Computer im Unterricht« auseinandersetzen, kommen sehr viele von ihnen – früher oder später – zu dem Schluß, daß die vorhandene Software qualitativ miserabel ist und Fachdidaktiker sich bessere Programme selbst schreiben können (und sollten). Meist folgt dann ein Hinweis, daß dies mit Autorensprachen sehr leicht möglich sei oder auch mit BASIC, welches ebenfalls leicht handhabbar wäre. Solche Tips sind mit Hinweisen vergleichbar, die Lehrern empfehlen, sich mit einer Videokamera ihre Unterrichtsfilme selbst zu produzieren.

Eigler kommentiert diese Situation wie folgt: »... die einen kommen von der Informatik her und wollen Programme gern schnell entwickeln, verstehen aber wenig von der Bestimmung der Zielstruktur des Lernens, von den Bedingungen, die Lernen anregen und unterstützen, die anderen verstehen zwar davon etwas, sind aber unfähig, dies unter den gegebenen apparativen Bedingungen umzusetzen. Eine mittlere Gruppe, wie an der gegenwärtigen Entwicklung interessierte Fachlehrer, versucht sich zwar, doch werden die Produkte – und das hat mich sehr nachdenklich gemacht – als durchweg nicht befriedigend beurteilt. Es scheint ein hohes Maß an programmtechnischem Know-How und an psychologisch-erziehungswissenschaftlichem Know-How mit fachlichem Know-How zusammengehen zu müssen, um die apparativen Möglichkeiten unter klar gefaßten Zielvorstellungen nutzen zu können.« (/EIGLER, S. 174/)

Dem ist hinzuzufügen, daß seriöse Fachleute für die Entwicklung einer Stunde computerunterstützten Unterrichts 100 Programmierstunden ansetzen – und dies auch nur für einen geübten Programmierer, der mit guten Programmierwerkzeugen (z.B. Autorensprachen) arbeitet.

Aus dieser Sicht wird verständlich, daß Lehrer neben ihrer beruflichen Tätigkeit nicht in der Lage sein werden, brauchbare Programme zu entwerfen. Hat man sich das klar gemacht, wird man aber auch eingestehen müssen, daß der flexible Einsatz von Computern im Unterricht – angepaßt an die Bedürfnisse und Wünsche des einzelnen Lehrers und seiner Schüler – eine Illusion bleiben wird.

Falls Unterrichtsprogramme einmal einen akzeptablen Qualitätsstandard erreichen sollten, so werden das zentral erstellte Programme sein, deren Lehrinhalt auf ein bestimmtes Lehrbuch abgestimmt sein wird. Programmanipulationen werden dem Lehrer nur sehr begrenzt ermöglicht werden, insbesondere wird er kaum Lehrinhalte und -formen beeinflussen können – abgesehen von der Entscheidung, ob er Programme anwendet und, wenn ja, welche er anschaffen möchte; dieser Einfluß entspricht dem, den Lehrer heute bei der Auswahl der Lehrbücher haben.

Gefahren der Bildschirmarbeit

Das Risiko der Bildschirmarbeit wurde und wird – besonders in der Bundesrepublik – durch die verantwortlichen Stellen geleugnet. Gesundheitliche Probleme von Datentypistinnen werden als individuell und psychisch hingestellt und nicht in Zusammenhang mit der Bildschirmarbeit gebracht. Dieses Vorgehen erfolgt so dreist, daß die betroffenen Frauen (seltener Männer, da diese in unserer Gesellschaft nicht so häufig in diesen monotonen Berufen beschäftigt sind) meist selbst nicht mehr glauben, daß der Bildschirmarbeitsplatz Ursache ihrer gesundheitlichen Probleme sein könnte.

In anderen Ländern – insbesondere in Schweden, Nordamerika und den sozialistischen Staaten Osteuropas – werden die Risiken der Bildschirmarbeit nicht auf diese Weise bagatellisiert, sondern es wird versucht, das Problem mit wissenschaftlichen Untersuchungen in den Griff zu bekommen. Dies ist bis heute zwar noch nicht geglückt, es können aber einige Fakten angeführt werden:

Durch elektrostatische Felder treten Hautschäden (insbesondere im Gesicht) auf, und die Augen werden zu trocken.

Röntgenstrahlen in der Umgebung von Bildschirmen sind nicht nachweisbar und können nach heutigem Wissen nicht für Krankheitssymptome ursächlich sein.

Niederfrequente elektromagnetische und elektrische Strahlung, wie sie in der Umgebung von Bildschirmen auftritt, kann für verschiedenste Krankheitssymptome ursächlich sein. Allerdings läßt sich der Zusammenhang dieser Krankheitsbilder mit Bildschirmarbeit noch nicht eindeutig nachweisen, d.h. es liegen sich widersprechende wissenschaftliche Untersuchungen vor.

Das bedeutet aber auf jeden Fall: Daß die Bildschirmarbeit keinen schädigenden Einfluß ausübt, kann nicht behauptet werden. Zu den Krankheitssymptomen, die durch niederfrequente Strahlung ausgelöst werden können, gehören u.a.:
- Kopfschmerzen, Müdigkeit, Schwindelanfälle
- Schlafstörungen
- Störungen an Herz und Gefäßen
- Veränderungen des Blutbildes
- Leukämie
- Unfruchtbarkeit bei Schwangeren: erhöhtes Risiko, daß Mißbildungen am Kind auftreten oder daß es zu einer Fehlgeburt kommt.

In Schweden und den sozialistischen Staaten Osteuropas existieren inzwischen relativ niedrige Grenzwerte für elektromagnetische bzw. elektrische Felder in der Umgebung von Bildschirmgeräten. Im schwedischen Staatsdienst Beschäftigte können sich während der Schwangerschaft auf einen Arbeitsplatz ohne Bildschirm versetzen lassen. In der Bundesrepublik existieren bislang keine brauchbaren Arbeitsschutzrichtlinien. Die Abschirmung elektrischer und magnetischer Felder unterbleibt deshalb meist, da sie zum einen teuer ist und zum anderen auch kein Bewußtsein für diese Risiken verbreitet ist.

In Bezug auf den Computereinsatz in der Schule kann man nur hoffen, daß die Risiken der Bildschirmarbeit gerade für Kinder und Jugendliche mehr in das Blickfeld der Öffentlichkeit rücken und endlich Gelder bereitgestellt werden, um diese Problematik genauer zu untersuchen. Mir erscheint es auf jeden Fall unverantwortlich, wenn Kinder und Jugendliche mit den heute üblichen Geräten regelmäßig arbeiten sollen.

5. Die Auswirkungen des Computereinsatzes auf den Unterricht

Meta-Analysen

Die Veröffentlichung einer neuen Unterrichtstechnik führt zu Untersuchungen, die den Wert dieser Technik beweisen (seltener widerlegen) sollen. Dies war auch beim CuU nicht anders, und heute stehen wir einer kaum überschaubaren Flut von Erhebungen gegenüber.

Einige Forscher hielten es nicht für sinnvoll, dieser großen Zahl von Untersuchungen noch weitere hinzuzufügen. Stattdessen erstellten sie Meta-Analysen, ein Verfahren, das /GLASS/ Ende der 70er Jahre entwickelt hat. Damit ist es möglich, die Ergebnisse vieler Untersuchungen erst zu standardisieren und anschließend zu vergleichen.

Dabei können nur Erhebungen berücksichtigt werden, die mit Kontrollgruppen durchgeführt wurden, d.h. während der Erhebung arbeitete eine Versuchsgruppe mit einer neuen Unterrichtstechnik, eine Kontrollgruppe erhielt herkömmlichen Unterricht. Die Lernergebnisse wurden am Ende mit denselben Tests ermittelt. Für die Meta-Analyse werden die Ergebnisse beider Tests miteinander verknüpft und das Resultat – der sogenannte Differenzenmittelwert – auf einer Skala abgetragen. Mit Hilfe dieses Verfahrens wurden auch Studien zum Computereinsatz im Unterricht untersucht, so von /KULIK, BANGERT, WILLIAMS/ und /WILLET, YAMASHITA, ANDERSON/. Letztere befaßten sich allerdings allgemein mit Unterrichtstechniken.

In einer weiteren Meta-Analyse von /DEKKERS, DONATTI/ wird der Gebrauch von Simulationen als Lehrstrategie untersucht.

/KULIK, BANGERT, WILLIAMS/ untersuchten 51 Studien, die sich mit CuU befaßten. Bei 48 dieser Studien waren Abschlußtests durchgeführt worden; bei 23 Studien erzielte die Untersuchungsgruppe bei diesen Tests statistisch signifikant bessere Ergebnisse, bei zwei

Studien die Kontrollgruppe mit herkömmlichem Unterricht. Da das bessere Abschneiden der Untersuchungsgruppen bei den verschiedenen Studien unterschiedlich stark ausgeprägt war, wurde untersucht, ob dies auf bestimmte Ursachen zurückgeführt werden kann. Es stellte sich heraus, daß zwei Faktoren dieses Ergebnis – nahezu statistisch signifikant – beeinflußten: die Länge des Untersuchungszeitraums und der Zeitpunkt der Veröffentlichung.

Die Länge des Untersuchungszeitraums
In Übereinstimmung mit anderen Meta-Analysen stellen /KULIK, BANGERT, WILLIAMS/ und /DEKKERS, DONATTI/ fest, daß die größten Effekte bei kurzen Studien erzielt werden. Die besten Lernergebnisse wurden erzielt, wenn der experimentelle Unterricht nicht länger als vier Wochen dauerte.

Zu einem ähnlichen Ergebnis kommen auch /WISE, OKEY/ bei einer Meta-Analyse von Lehrstrategien. Sie konnten die besten Ergebnisse bei Studien nachweisen, die weniger als 11 Unterrichtsstunden untersucht haben. Dieses Ergebnis ist nicht überraschend und in der Soziologie und der Psychologie schon seit längerem als »Hawthorne-Effekt« bekannt.

Bei der Hawthorne-Untersuchung Ende der 20er Jahre wurde festgestellt, »daß die den Versuchspersonen zuteil gewordene Aufmerksamkeit auch *bei Verschlechterung der äußeren Arbeitsbedingungen* zu höheren Arbeitsleistungen führte« (zitiert nach Meyers großem Taschenlexikon in 24 Bänden, Mannheim 1981; Hervorhebungen durch den Verfasser).

Daß der höhere Lerneffekt bei kurzen Untersuchungszeiträumen auf diesem Hawthorne-Effekt beruht, wird durch zwei weitere Ergebnisse der Meta-Analysen nahegelegt. Das erste betrifft das Themengebiet, in dem Computer im Unterricht eingesetzt werden. Die besten Lernergebnisse wurden erzielt, wenn Computer *nicht* im mathematischen, naturwissenschaftlichen Unterricht eingesetzt wurden.

Da bei sprachlichen, sozialen oder geisteswissenschaftlichen Themen Schüler vom Computereinsatz sicherlich mehr überrascht werden als im mathematisch-naturwissenschaftlichen Bereich, scheint die dadurch bedingte, erhöhte Aufmerksamkeit zu besseren Lernergebnissen zu führen.

Das zweite Ergebnis, welches die These stützt, daß der Hawthorne-

Effekt die Untersuchungsergebnisse beeinflußt, findet man sowohl bei /DEKKERS, DONATTI/ als auch bei /WISE, OKEY/. Dort wurde festgestellt, daß die größten Veränderungen bei kleinen Schülergruppen auftreten. Je weniger Schüler an einem Versuch teilnehmen, desto mehr haben sie den Eindruck, daß etwas besonderes passiert. Entsprechend groß wird ihre Aufmerksamkeit und damit ihr Lernerfolg sein.

Der Zeitpunkt der Veröffentlichung
/KULIK, BANGERT, WILLIAMS/ weisen nach, daß jüngere Studien (Ende der 70er Jahre) von größeren, positiven Auswirkungen des Computereinsatzes berichten als ältere. Da sich die Erhebungsmethoden nicht wesentlich geändert haben, legt dieses Ergebnis den Schluß nahe, daß die Forscher gelernt haben, CuU in dem ihm angemessenen Rahmen einzusetzen.

Weitere Tendenzen
Die Meta-Analysen lassen einige weitere Tendenzen erkennen. Zum einen wird in Veröffentlichungen und Dissertationen von besseren Ergebnissen berichtet als in unveröffentlichten Studien.

Wird in einer Studie keine wesentliche Verbesserung durch eine Unterrichtstechnik nachgewiesen, schneidet also die Kontrollgruppe gleichgut oder gar besser als die Versuchsgruppe ab, wird die Studie entweder von den Autoren nicht veröffentlicht oder von den Zeitschriften nicht abgedruckt.

Zum anderen schneiden die »schlechten« Schüler einer Klasse bei den Versuchen besser ab als die guten. Bei talentierten Schülern lassen sich demgegenüber kaum Leistungsverbesserungen erreichen. Dies wird von /LEHMANN, LAUTERBACH/ darauf zurückgeführt, daß »retardierte (zurückgebliebene, der Verfasser) Schüler auf unübliche Unterrichtsmethoden, die ihnen neue Chancen eröffnen können, mit mehr Bereitwilligkeit und Spontanität (reagieren) als die guten Schüler, die ihren Status aus dem gewohnten Unterricht beziehen.«

Bemerkenswert an Studien über CuU ist auch, daß i.a. nur untersucht wird, wie sich der Computereinsatz auf den Wissenserwerb auswirkt. Nur selten werden Einstellungsveränderungen der Schüler dem Computer oder dem behandelten Thema gegenüber analysiert. Daten über die Auswirkungen auf logisches Denken, kritisches Denken, Kreativität, soziales Verhalten etc. wurden in keiner der hier zitierten Studien über Computereinsatz im Unterricht systematisch erhoben.

Sicherlich sind solche Daten nicht so leicht zu erheben wie Daten über den Wissenserwerb. Daß es aber prinzipiell möglich ist, zeigt die Meta-Analyse von /WILLET, YAMASHITA, ANDERSON/, in der einige Studien über nicht computergestützte Unterrichtstechniken aufgeführt sind, die entsprechende Auswirkungen ansatzweise untersucht haben.

Desweiteren liegen Untersuchungen über die Auswirkungen des Programmierens auf das Denken der Programmierer vor, z.B. von Sherry Turkle (s. unten) und /ONORATO/. Dem muß aber hinzugefügt werden, daß sich auch durch eine breitere Fächerung der empirischen Datenerhebung nicht alle Komponenten menschlichen Denkens erfassen lassen.

Von /SIMON, 1980, S. 37/ wurden die Grenzen empirischer Unterrichtsforschung, auf die er bei dem Versuch einer Bewertung von Unterrichtseinheiten zum Thema Computersimulation und Modellbildung stieß, in einer »Unschärferelation der Unterrichtsforschung« festgehalten: »Will man sich in einem Modellversuch nicht auf solche Lehrziele und -inhalte beschränken, die exakt meßbar und mit vertretbarem Aufwand empirisch überprüfbar sind – und damit die eigentlichen innovativen Ziele über Bord werfen! –, so muß man notgedrungen Abstriche auf Seiten der evaluativen Genauigkeit und der empirischen Eindeutigkeit der Ergebnisse in Kauf nehmen. (...) Je genauer man z.B. das Erreichen eines komplexen Lehrziels empirisch messen will, desto stärker reduziert sich das tatsächlich gemessene auf sehr simple Sachverhalte, die kaum noch mit der eigentlichen Intention des Lehrziels zur Deckung zu bringen sind.«

Prinzipielle Probleme der Intelligenzmessung

Ähnliches berichtet auch /DÖRNER, 1, 2, 1983/, der die Aussagefähigkeit von Intelligenztests für die Beurteilung von Problemlösefähigkeiten bestreitet. Dörner war wohl auch einer der ersten, der menschliche Problemlösefähigkeiten nicht an exakt beschreibbaren Problemstellungen mit genauer Zielvorgabe – wie z.b. dem Turm-von-Hanoi-Problem – untersuchte, sondern seine Versuchspersonen mit komplexen Problemstellungen und »offenen« Zielvorstellungen konfrontierte.

Beim Turm-von-Hanoi-Problem geht es darum, eine Scheibenpyramide so umzuschichten, daß die Scheiben zum Schluß in derselben Reihenfolge auf einem anderen Platz liegen. Dabei stehen insgesamt 3 Felder zum Ablegen der Scheiben zur Verfügung: das Startfeld, auf dem die Scheiben zu Beginn stehen; das Zielfeld; ein Ablagefeld. Die Reihenfolge, in der Scheiben aufeinanderliegen dürfen, ist durch die Scheibengröße vorgegeben; auf keinem Spielfeld und bei keinem Spielzug darf eine große Scheibe auf einer kleineren liegen.

Turm-von-Hanoi-Spielbrett; Seitenansicht der Ausgangssituation

Dörner entwarf für seine Untersuchungen die Gesellschaftsmodelle »Tanaland« und »Lohhausen«, die er auf dem Computer simulierte. Bei der Tanaland-Studie (/DÖRNER, 1978/) sollten die Versuchspersonen als Entwicklungshelfer für bessere Lebensbedingungen zweier Menschengruppen in einem afrikanischen Land sorgen. Die Versuchspersonen erhielten eine Landkarte vom Lebensraum der Menschen, eine Situationsbeschreibung und Informationen, wie sie auf die simulierte Situation Einfluß nehmen können. Bei der zweiten Studie sollten Versuchspersonen als Bürgermeister eine kleine Stadt (»Lohhausen«) über einen Zeitraum von 10 Jahren regieren.

Aufgrund dieser Studien, die innerhalb kürzester Zeit zu den meistzitierten Untersuchungen in den Sozialwissenschaften gehörten, konnte Dörner nachweisen, daß »gewichtige Differenzen zwischen den Erfordernissen komplexer Situationen und jenen der Intelligenztestung« (/DÖRNER, KREUZIG, 1, 1983, S. 190/) bestehen. Der eine wesentliche Unterschied besteht in der Zielvorgabe. Wurden bei herkömmlichen Intelligenztests eindeutige Ziele vorgegeben, so ist dies in alltäglichen Situationen, denen Dörner sich annähern wollte, nicht so.

»*Das Tanaland-Experiment*
Wir konstruierten ein ökologisches System, welches aus einer fiktiven afrikanischen Landschaft (›Tanaland‹) bestand. Diese Landschaft wurde in ihrer geologischen (Oberflächen)Struktur genau festgelegt; eine Landkarte wurde den Vpn (Versuchspersonen, der Verfasser) übergeben. In dieser Landschaft wurden verschiedene Tier- und Pflanzenarten angesiedelt und außerdem zwei Menschengruppen, nämlich eine, die hauptsächlich Landwirtschaft betrieb, und eine andere, die sich von Jagd und von Viehzucht ernährte. Alle Tierarten und auch die beiden Menschengruppen wurden nach Geburts- und Sterberate, Freß- bzw. Eßgewohnheiten und -bedürfnissen, und entsprechenden Vorlieben und Abneigungen exakt festgelegt. Desgleichen wurde die Fruchtbarkeit der Pflanzen in Abhängigkeit vom Niederschlag, von der Zahl der zur Bestäubung verfügbaren Insekten usw. definiert. Dabei hielten wir uns, soweit entsprechende Daten verfügbar waren, an reale Verhältnisse, ansonsten machten wir unsere Annahmen nach Plausibilität. Insgesamt ergab sich so ein recht kompliziertes System mit positiven und negativen Rückkopplungen.

Das gesamte System wurde durch einen Computer simuliert. (...) Den Versuchspersonen wurde ganz global die Aufgabe zugewiesen, dafür zu sorgen, daß es den Menschen ›besser ginge‹. Es wurde bewußt darauf verzichtet zu spezifizieren, was unter ›besser gehen‹ zu verstehen sei (schlecht definierter Zielzustand). (....)

Im Computermodell hatten wir eine große Zahl möglicher Eingriffe vorgesehen. Beispiele für solche Eingriffe sind: Jagd, Düngung, Anlage von Bewässerungssystemen, Dammbau und Einbau von Turbinen zur Stromerzeugung, Ankauf von Traktoren, Verkauf von Fellen, Feld- und Ackererträgen, Verteilung der verfügbaren Arbeitszeit, Geburtenregelung, medizinische Versorgung, Anschaffung von Geräten für die Feld- und Rodungsarbeiten usw. (...)

Gewisse Eingriffe waren nach Konstruktion des Systems nicht möglich. Unsere Vpn verfielen allerdings relativ selten auf solche. War dies aber der Fall, so wurden den Vpn vorher vereinbarte Gründe dafür dargelegt, warum solche Eingriffe ›von übergeordneter Stelle‹

unerwünscht seien. (...) Bestanden die Vpn auf nicht durchführbaren Eingriffen, so wurde ihnen offen dargestellt, daß derlei im Simulationsprogramm nicht vorgesehen sei. Dies kam aber während des gesamten Versuchs nur wenige Male vor.« (zitiert nach /DÖRNER, 1978, S. 530-533/)

Unter »besseren Lebensbedingungen« bei der Tanaland-Studie kann recht viel verstanden werden, selbst wenn dieses Ziel noch genauer beschrieben wird. Eine Versuchsperson muß in diesem Beispiel auf jeden Fall mehrere gleichwertige Ziele gegeneinander abwägen, ein Problem, das bei Intelligenztests nicht berücksichtigt wird.

Ein ähnlicher Unterschied besteht bei der Vorgabe von Handlungsanweisungen. Bei Intelligenztests wird im Prinzip die Verfügbarkeit bestimmter Handlungsweisen geprüft; was die Testperson bei einer bestimmten Aufgabe tun muß, wird ihr zuvor genau erklärt.

Dörner konfrontierte seine Versuchspersonen aber mit komplexen Situationen, in denen sie sich erst nach und nach zurechtfinden mußten. Die »Entwicklungshelfer« in der Tanaland-Studie konnten z.B. in 6 aufeinanderfolgenden Sitzungen, zwischen denen jeweils 2-4 Tage lagen, ohne Zeitdruck an dem System arbeiten. Um sich in einer solchen unüberschaubaren, vernetzten, dynamischen Situation zurechtzufinden, ist es notwendig, »altes Wissen«, das sich aber nicht genau spezifizieren läßt, auf die neue Situation zu übertragen. Auch diese Fähigkeit wird von Intelligenztests nicht erfaßt. Dörner kommt daher zu dem Schluß, daß Intelligenztests »immer nur geringste Bruchteile der Menge von Faktoren erfassen, die ›Intelligenz‹ determinieren. Nach 80 Jahren ›Intelligenzforschung‹ erscheint dieses Ergebnis nicht gerade ein Beweis für die Fruchtbarkeit dieses Forschungszweiges und könnte böswillige Gemüter dazu verleiten, bei entsprechenden Problemen doch lieber auf den ›gesunden Menschenverstand‹, den Kaffeesatz oder die Astrologie zu rekurrieren (zurückzugreifen, der Verfasser) als auf die Psychologie.« (/DÖRNER, 1, 1983, S. 189/)

Diese Erkenntnisse aus der jüngsten psychologischen Forschung sollten berücksichtigt werden, wenn empirische Methoden zur Bewertung computerunterstützter Unterrichtseinheiten verwendet werden.

Auswirkungen aus ethnologischer Sicht

Eine ethnologische Studie, die sich mit den Auswirkungen von Computern auf das Denken und Handeln von Menschen sowie auf die Sozialstruktur und Kultur der Gesellschaft befaßt, hat Sherry Turkle veröffentlicht.

Sie stellte während ihrer mehrjährigen Forschung fest, daß intensiver Umgang mit Computern sich erheblich auf die Art und Weise auswirkt, wie Menschen über sich – und Menschen allgemein – denken. Insbesondere führt die Erfahrung, dem Computer beim Denken unterlegen zu sein, dazu, daß Menschen sich darauf besinnen, worin sie sich von einem Computer unterscheiden.

Der Überlegenheit der Computer beim »Denken« wird die Überlegenheit des Menschen im Bereich der Gefühle gegenübergestellt.

Obwohl computersimuliertes Denken oft als Denken schlechthin angesehen wird, werden computersimulierte Gefühle nur selten als Gefühle interpretiert. Nur einige Computerfetischisten stellen auch Gefühl, Intuition, Bewußtsein, kurz ihr ganzes Selbst infrage. Sie sehen sich ganz und gar als Maschine.

Allerdings konnte Sherry Turkle nachweisen, daß die Theorien und Gedanken, mit denen diese Menschen sich beschreiben, widersprüchlich sind, daß auch in den Vorstellungen dieser Menschen Bereiche zu finden sind, in denen sie sich von Maschinen unterscheiden – auch wenn ihnen das nicht bewußt ist (/TURKLE, S.361 ff/).

Die Gefahr, den Menschen als fühlendes Wesen im Gegensatz zum Computer als »denkendem Wesen« zu sehen, resultiert daraus, daß Denken und Fühlen als unvereinbare Gegensätze angesehen werden. Sherry Turkle schreibt dazu (S.73): »Denken und Fühlen sind unteilbar. Wenn man die komplizierte Beziehung, in der sie zueinander stehen, auseinanderreißt und sie fälschlicherweise als sich gegenseitig ausschließende, seelische Aktivitäten definiert, wird das Kognitive möglicherweise zum bloßen logischen Prozeß, zum Kalten, Trokkenen und Leblosen, und das Affektive wird reduziert auf die Eingeweide, das Primitive, das nicht Analysierbare.«

Wenn man zu der Überzeugung gelangt, das Denken würde besser und effektiver von einem Computer erledigt und sich deshalb auf den Bereich des Fühlens zurückzieht, ist zu befürchten, daß unter der Vernachlässigung des einen beides leidet.

Sherry Turkle hat sich während ihrer Forschungsarbeit in erster

Linie mit Menschen beschäftigt, die sehr intensiven Kontakt mit Computern hatten. Doch sie ist der Meinung, daß ihre dabei gewonnenen Erkenntnisse nicht auf diese Gruppe von Menschen beschränkt sind. »Was wir heute innerhalb der Computerkulturen... entdecken, wird nicht innerhalb der Grenzen dieser Kulturen bleiben. ... neue Formen der ›Intimität‹ mit Maschinen und ein neues Modell vom Geist als Maschine kündigen sich an.« (/TURKLE, S. 19/)

Deshalb beschäftigt sich Sherry Turkle auch mit der Frage, wie »Vorstellungen, die innerhalb technischer Gemeinschaften im Umfeld des Computers entstanden sind, ihren Weg in die Kulturen jenseits dieser Gemeinschaft (finden).« (/TURKLE, S. 19/) Sie vergleicht den Einfluß der Computertechnik auf die Gesellschaft mit dem der Psychoanalyse Anfang dieses Jahrhunderts. Hier wie da wurden die Theorien vereinfacht und nur halb verstanden. Dennoch übt dieses oberflächliche Wissen einen großen Einfluß auf die Menschen aus.

Natürlich lassen sich die Ergebnisse nicht einfach auf den CuU übertragen. Allerdings kann man an dieser Arbeit erkennen, daß Computer bei ihren Nutzern und Bedienern Gedanken hervorrufen und Einstellungen prägen, die mit der eigentlichen Arbeit am Computer, z.B. dem Programmieren, nur entfernt zu tun haben. Dies sollte berücksichtigt werden, bevor für kaum nachweisbare Verbesserungen der Lerneffektivität leichtfertig Computer zum Unterrichten genutzt werden.

6. Intelligente Tutorielle Systeme und die Grenzen des Computereinsatzes im Unterricht

Bei herkömmlichen CuU-Systemen war es eine der größten Schwierigkeiten, auf Schülerantworten adäquat zu reagieren. Insbesondere Hilfestellungen in Situationen, in denen der Schüler nicht weiter weiß oder eine falsche Antwort gegeben hat, konnten schlecht im voraus programmiert werden. Hier sollen sogenannte intelligente tutorielle Systeme (ITS) weiterhelfen.

Grundstruktur eines ITS

Nach /ANDERSON/ setzt sich ein ITS aus drei Komponenten zusammen:
- einem Expertensystem (domain expert),
- einem Fehlerkatalog (bug catalog) und
- einer Lehreinheit (tutoring modul).

Das *Expertensystem* ist in der Lage, die Aufgaben, die dem Schüler gestellt werden, zu lösen und den Lösungsweg Schritt für Schritt zu begründen. Um sich ein Bild davon machen zu können, wie das in der Praxis funktioniert, werde ich im folgenden erläutern, wie ein Expertensystem entsteht.

Ein Expertensytem soll in einem thematisch engbegrenzten Bereich Aufgaben lösen, die bislang nur von einem Menschen gelöst werden konnten, der lange Zeit in diesem Bereich gearbeitet hat. Das Problem besteht nun darin, das Wissen dieses menschlichen Experten erstens von diesem mitgeteilt zu bekommen und zweitens so zu formalisieren, daß es von einem Rechner verarbeitet werden kann.

Vor allem der erste Punkt bereitet enorme Schwierigkeiten, weil Menschen häufig intuitiv arbeiten, insbesondere, wenn sie mit einer Problematik vertraut sind (s.u.). Intuitive Vorgehensweisen lassen sich aber nur schlecht mit Worten beschreiben. Langwierige Gespräche zwischen dem Informatiker, der das Expertensystem entwerfen will, und dem Experten sind notwendig, um ein angemessenes formales Modell von der Vorgehensweise des Experten zu erhalten. Dieses formale Modell wird natürlich nur in den wesentlichen Punkten mit der Vorgehensweise des Experten übereinstimmen, es kann aber keinesfalls mit dieser gleichgesetzt werden.

Der Unterschied zwischen Experte und Expertensytem besteht im wesentlichen aus zwei Punkten. Erstens kann der Experte auf neue Situationen flexibel reagieren, da ihm nicht nur das begrenzte Wissen der Modellwelt zur Verfügung steht, und zweitens kann er auf ein und dieselbe Situation unterschiedlich reagieren, da er Randbedingungen berücksichtigen kann, die in der Modellwelt nicht enthalten sind. Es ist zu beachten, daß dies prinzipielle Probleme sind, die auch durch eine Vergrößerung der Modellwelt nicht gelöst werden.

Das formale System, auf das das Expertenwissen reduziert wird, besteht im wesentlichen aus Wenn-dann-Regeln.

Um eine Aufgabe zu lösen, prüft der Rechner, welche Bedingungen durch die Aufgabenstellung bereits erfüllt sind. Hat er eine solche Bedingung gefunden, kann er bestimmte Regeln anwenden, wodurch eventuelle neue Bedingungen erfüllt werden. Dies setzt er fort, bis er – aufgrund einer Regel – entscheiden kann, daß er eine Lösung gefunden hat. Um den Lösungsweg darzustellen gibt der Rechner die Regeln aus, die er angewendet hat.

Der *Fehlerkatalog* enthält typische Fehler, die Schüler im entsprechenden Gebiet begehen.

Sie werden, ebenso wie das Expertenwissen, mit Hilfe von Regeln dargestellt. J.S. Brown hat z.B. in seinem Subtraktionslehrprogramm mehr als 90 verschiedene Subtraktionsfehler unterschieden. Dies war notwendig, um den Schülern bei Fehlern gezielte Hilfestellungen geben zu können, führte aber zu dem Problem, daß aufgrund einer Subtraktionsaufgabe oft nicht mehr entschieden werden konnte, welcher dieser Fehler zu dem falschen Ergebnis geführt hat. In einem solchen Fall stellte das System dann gezielt Aufgaben, um den Fehler des Schülers einem Fehler im Fehlerkatalog zuordnen zu können. Da der Schüler gerade Schwierigkeiten mit diesem Aufgabentyp hatte, war er oft frustriert, bevor er die erste Hilfestellung erhielt.

Die *Lehreinheit* muß entscheiden, welche Aufgabe dem Schüler als nächste gestellt wird und wann ein Schüler den Stoff eines Kapitels beherrscht. Außerdem muß diese Einheit entscheiden, wann dem Schüler zusätzliche Hilfestellungen angeboten werden müssen.

Beide Problemstellungen versucht man dadurch zu lösen, daß während einer Sitzung ein Modell des Schülerwissens aufgebaut wird, d.h. die Eingaben des Schülers werden analysiert und als Regeln dargestellt. Diese Regeln können mit den Regeln im Expertensystem verglichen werden. Können Fehler, die der Schüler bei einer Aufgabenlösung macht, auf fehlende oder falsche Regeln im Schülermodell zurückgeführt werden, so können gezielt Hilfestellungen gegeben werden.

Die Möglichkeiten dieses Ansatzes sollten allerdings nicht überschätzt werden; da in das Schülermodell maximal die verbalen Antworten einer Unterrichtsstunde einfließen, wird dieses Modell recht simpel sein. Die Abspeicherung des Schülermodells nach einer Sitzung, um es später wiederzuverwenden, erscheint derzeit weder praktikabel noch zweckmäßig (abgesehen von Datenschutzproblemen!). Daher ist in absehbarer Zeit nicht zu erwarten, daß ein ITS so gezielt Hilfestellungen geben kann wie ein Lehrer. Ein Lehrer hat ganz andere Möglichkeiten, auf jeden Schüler individuell einzugehen, zum einen weil er nicht nur auf die schriftlichen Äußerungen des Schülers reagieren kann, sondern auf den ganzen Menschen, zum anderen, weil er durch seine Menschenkenntnis Äußerungen eines Schülers ganz anders einschätzen kann.

Dies wird auch durch die vielgepriesene »Geduld« des Rechners nicht ausgeglichen. Es ist sicher richtig, daß Lehrer manchmal ungeduldig werden, wenn Schüler immer wieder denselben Fehler machen. Aber worin besteht denn die »Geduld« des Rechners? Doch wohl darin, dem Schüler jedesmal wenn er einen Fehler begeht, eine bestimmte Hilfestellung auf den Bildschirm zu schreiben: einmal, zweimal, zehnmal, hundertmal... Jedesmal dieselbe Meldung bei demselben Fehler.

Ob diese »Geduld« dem Schüler weiterhilft?

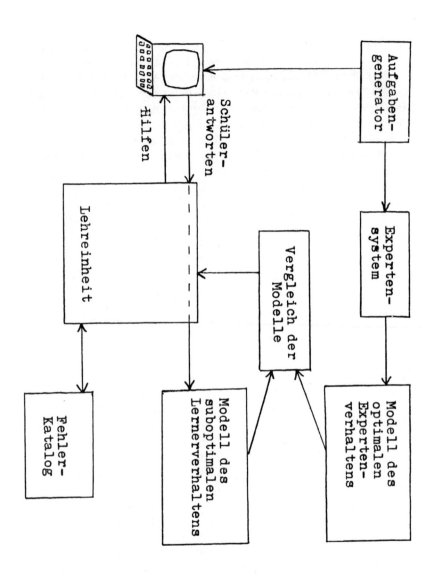

Informationsfluß in einem ITS.

Vorstellung zweier marktreifer ITS

Obwohl bereits seit Anfang der 70er Jahre versucht wird, ITSe zu entwerfen, sind bislang nur zwei Systeme auf den Markt gekommen. Alle anderen Systeme existieren ausschließlich als Prototypen in Forschungslaboren. Die auf dem freien Markt erhältlichen Systeme befassen sich beide mit einem übersichtlichen und äußerst strukturierten Thema: dem Unterrichten der Grundlagen des Computerprogrammierens.

PROUST:
Ein System zur Analyse syntaktisch richtiger Anfängerprogramme

PROUST ist ein System, das logische Fehler in syntaktisch richtigen PASCAL-Anfängerprogrammen ausfindig machen soll. Es wurde mit 206 Anfängerprogrammen getestet. Die Programmieraufgabe und das Testergebnis sind auf Seite 68 dargestellt. Allerdings sind die 206 getesteten Anfängerprogramme nicht von 206 verschiedenen Programmierneulingen geschrieben worden, sondern es sind alle syntaktisch richtigen Zwischenlösungen, die die Schüler, während sie die Aufgabe lösten, vom Compiler austesten ließen.

Die von den Autoren (/JOHNSON/) getroffene Annahme, daß gerade die von den Schülern nicht als Lösung abgegebenen Programme für PROUST am schwierigsten zu testen seien, muß bezweifelt werden. Vielmehr ist zu überlegen, ob PROUST nicht gerade die Fehler herausfindet, die die Schüler beim Testen sowieso bemerken.

Die Autoren führen nämlich in derselben Studie an, daß z.B. 18% der untersuchten Programmlösungen die Eingabe des Endezeichens (»99999«) fehlerhaft verarbeiten. Das ist aber ein Fehler, der sehr oft beim Testen entdeckt wird. Um die Schüler auf solche Fehler aufmerksam zu machen, würde es genügen, der Aufgabe einige kritische Testdatensätze beizugeben. Viel mehr macht PROUST nach einer erfolgreichen Analyse auch nicht (s. Seite 69).

Einige technische Daten: PROUST wurde für eine halbe Millionen Dollar innerhalb von vier Jahren an der Yale University von zwei Programmierassistenten entwickelt. Es benötigt vier Megabyte Speicherplatz auf einer DEC Vax 750 und 3-5 Minuten Rechenzeit, um ein Programm zu analysieren.

Wie PROUST arbeitet – ein Beispiel

a) Schreibe ein PASCAL-Programm, das die Ziffern, die ein Benutzer vom Terminal aus eingibt, verarbeitet. Jede Eingabe entspricht der mittleren Niederschlagsmenge eines Tages in New Haven.

Beachte: Da keine negative Niederschlagsmenge möglich ist, sollte das Programm negative Eingaben abweisen. Dein Programm sollte die folgenden statistischen Angaben berechnen: 1. die mittlere Niederschlagsmenge pro Tag 2. die Anzahl der regnerischen Tage 3. die Anzahl der gültigen Eingaben (ausschließlich aller ungültigen, die eventuell eingelesen worden sind) 4. die maximale Niederschlagsmenge, die an irgendeinem der Tage gemessen worden ist. Das Programm sollte Daten einlesen, bis der Benutzer 99999 eingibt; das ist die Abbruchbedingung, die das Ende der Eingabe anzeigt. 99999 darf nicht in die weiteren Berechnungen aufgenommen werden. Du kannst davon ausgehen, daß die Eingabedaten gültig sind, wenn sie nicht negativ und ungleich 99999 sind.

b) Gesamtzahl der Programme: 206
   Anzahl fehlerhafter Programme: 183 (89%)
   Anzahl der Programme, die vollständig analysiert wurden: 161 (79%)
   – insgesamt festgestellte Fehlerzahl: 570
   – richtig erkannt Fehler: 533 (94%)
   – nicht erkannte Fehler: 29 (6%)
   – falscher Alarm: 55
   Anzahl der Programme, die teilweise analysiert wurden: 35 (17%)
   – insgesamt festgestellte Fehlerzahl: 191
   – richtig erkannte Fehler: 71 (37%)
   – Fehler, die von der Analyse ausgeschlossen wurden: 70 (37%)
   – nicht erkannte Fehler: 50 (26%)
   – falscher Alarm: 19
   Anzahl Programme, die PROUST nicht untersucht hat: 9 (4%)

a) Die Programmieraufgabe »Niederschlagsmenge« wurde einer Klasse von Programmieranfängern vorgelegt, um die Leistungsfähigkeit von PROUST zu testen.

b) Eine Auswertung der PROUST-Analysen ergab dieses Ergebnis

(aus /JOHNSON, S.189/, Übersetzung durch den Verfasser)

a)
```
1  PROGRAM mittelwert( eingabe, ausgabe );
2  VAR sum, zähler, wert, mittel: REAL;
3  BEGIN
4    sum := 0;
5    zähler := 0;
6    writeln('Wert eingeben:');
7    read( wert );
8    WHILE wert <> 99999 DO
9      BEGIN
10       WHILE wert <= 0 DO
11         BEGIN
12           writeln('Eingabe ungültig, neuer Wert:');
13           read( wert );
14         END;
15       sum := sum + wert;
16       zähler := zähler + 1;
17       writeln('Wert eingeben:');
18       read( wert );
19     END;
20   IF zähler > 0 THEN
21     writeln('Es wurden keine Daten eingegeben.')
22   ELSE BEGIN
23     mittel := sum / zähler;
24     writeln('Der Mittelwert beträgt: ', mittel);
25   END;
26 END.
```

b)
PROUST's Ausgabe:
Dir fehlt ein Test der Abbruchbedingung. Wenn 99999
direkt nach einem nicht positiven Wert eingegeben wird,
behandelt Dein Programm die Eingabe als gültigen Wert.
Du kannst das feststellen, wenn Du Dein Programm mit den
folgenden Werten testest: 5 -5 99999

a) Der Versuch eines Programmieranfängers, das Mittelwertproblem zu programmieren.

b) PROUST erklärt den Fehler, der im Programm versteckt ist, in knappen englischen Sätzen und bietet sogar Daten an, um den Fehler zu verdeutlichen.

(aus /JOHNSON, S. 180/, Übersetzung durch den Verfasser; Anmerkung: Daß in Zeile 20 fälschlicherweise das Grösser-Zeichen verwendet wird, scheint PROUST nicht zu bemerken!)

Der LISP-Tutor

Der LISP-Tutor von /ANDERSON/ analysiert keine fertigen Programme wie PROUST, sondern hilft einem Programmieranfänger, ein Programm in LISP zu entwerfen. Die Aufgabenbereiche, die ein Schüler mit diesem Tutor lernen kann, sind im folgenden dargestellt. Wie man sieht, beinhaltet das Curriculum die wesentlichen Grundlagen des Programmierens:

1. Grundlegende LISP-Funktionen
2. Definition neuer Funktionen
3. Conditionals (Bedingungen) und Prädikate
4. Strukturierte Programmierung
5. Progs, Ein-/Ausgabe und Auswertung
6. Integer-basierte Iteration
7. Integer-basierte Rekursion
8. Listen-basierte Rekursion
9. Listenbasierte Iteration
10. Rekursion für Fortgeschrittene
11. Programmierkonzepte für Fortgeschrittene: Maps, Dos, Lets
12. Property Lists (Listen mit Eigenschaften) und Arrays (Felder)
13. Suchtechniken
14. Ein Problem für Fortgeschrittene: Wasserkanne
15. Listenstruktur für »destructive functions«
16. Macros und komplexe Funktionstypen
17. Ein schwieriges Thema: Mustererkennung
18. Implementierung von Produktionssystemen

Aufgabenbereiche, die mit dem LISP-Tutor geübt werden können (aus: /ANDERSON, S. 164/, Übersetzung durch den Autor).

Der Dialog mit dem Tutor
Das Programm stellt dem Schüler eine Aufgabe vor. Anschließend gibt der Schüler den Programmcode ein. Unvollständige Eingaben werden vom Programm ergänzt, so daß grammatikalisch richtige Einheiten entstehen.

Die Ergänzungen des Programms können auch aus Platzhaltern bestehen, die der Schüler dann genauer spezifizieren muß. Z.B. wird die

Eingabe *(defun* vom Programm folgendermaßen ergänzt: *(defun* <name> <parameters> <process>)

<name>, <parameters> und <process> müssen vom Schüler in weiteren Schritten implementiert werden. Desweiteren gibt das Programm nach jeder Eingabe Hinweise, ob dieser Schritt zum Ziel führt, oder ob es eine bessere Lösung gibt.

Kommt ein Schüler überhaupt nicht weiter, werden kleine Übungsdialoge initiiert, um z.B. das Prinzip einer Rekursion zu erläutern. Die Eingabemöglichkeiten des Schülers beim Dialog mit dem LISP-Tutor beschränken sich auf:
- die Eingabe des Programmcode,
- die Beantwortung von multiple-choice-Fragen, mit denen das Programm das Wissen des Schülers zu erfassen versucht und
- die Anforderung von Hilfe, wenn er mit den Erläuterungen des Programms nichts anfangen kann.

Über die Möglichkeiten, Tippfehler rückgängig zu machen, um z.B. eine Übungsschleife nach einer versehentlich falsch beantworteten multiple-choice-Frage zu vermeiden, werden in dem Bericht keine Aussagen gemacht.

Ebenso bleibt unklar, ob das Programm nur eine bestimmte Art und Weise, die Aufgabe zu lösen, sinnvoll unterstützt. So ist z.B. nicht klar, wie das Programm reagiert, wenn in Schritt zwei (s. Seite 73ff.) an der Idee festgehalten wird, mit »cond« zu arbeiten, was nach Aussage des Programms prinzipiell möglich wäre. In diesem Fall ist der Lösungsvorschlag des Tutors sicherlich besser als der des Schülers. Aber ist es denn sinnvoll, von einem Schüler sofort die optimale Lösung zu verlangen und ihm gar nicht die Möglichkeit zu geben, eigene Wege zu suchen? Auf diese Weise wird doch jede Kreativität des Schülers unterbunden. Abgesehen davon ist es schon bei etwas komplexeren Programmieraufgaben kaum noch möglich, von der optimalen Lösung zu sprechen (entweder ist die Lösung bezüglich Rechenzeit oder bezüglich Speicherplatzbedarf optimal oder irgendwo dazwischen).

Wie geht ein ITS mit solchen Situationen um, die im naturwissenschaftlichen, vor allem aber im sprachlichen und gesellschaftswissenschaftlichen Bereich in viel komplexerer Form auftreten? Bislang scheinen ITS nur Aufgaben stellen zu können, für die es eindeutige optimale Lösungen gibt.

Der LISP-Tutor wurde von den Autoren mit einigen Studenten getestet, allerdings gaben sie keine genauen Daten über Art und Umfang dieser Erhebung an. Ihrer Meinung nach ist der Unterricht mit einem Privatlehrer dem Computertutor »noch« überlegen. Das »alleine lernen« wird als wesentlich schlechter angesehen, und der Unterricht im Klassenzimmer rangiert außer Konkurrenz an letzter Stelle. Wenn unter Klassenzimmerunterricht verstanden wird, daß ausschließlich im Frontalunterricht ohne individuelle Bildschirmarbeit gelehrt wird, wäre dieses Ergebnis allerdings nicht weiter verwunderlich. Leider wird darüber keine Aussage getroffen, ebensowenig wie über die Qualität der Lehrbücher beim »alleine lernen«.

Einige technische Daten: Der LISP-Tutor benötigt auf einer DEC Vax 725 drei Megabyte Hauptspeicherbereich, um einen einzelnen Studenten zu unterstützen. Für teure Privatschulen und die Industrie wird das Programm von den Autoren als kosteneffektiv angesehen.

Zusammenfassung

Die beiden Beispiele zeigen, daß es mit einem enormen Arbeitsaufwand möglich ist, für formale, übersichtliche und extrem stark strukturierte Bereiche ITSe zu entwerfen, mit denen Schüler einigermaßen sinnvoll arbeiten können. Allerdings sind beide Systeme zu umfangreich, um auf heutigen Schulrechnern laufen zu können. Bei dem LISP-Tutor ist es möglich, neue Unterrichtseinheiten zu entwerfen, mit einem Zeitbedarf unterhalb der sonst für ITS anzusetzenden 200 Stunden pro Unterrichtsstunde.

Inwieweit mit diesen Systemen besserer Unterricht als bisher möglich ist, muß genauer untersucht werden. Pauschale Angaben der Softwarehersteller in diesem Bereich sind mit Vorsicht zu genießen (s. hierzu Kapitel 5). Einige kritische Anmerkungen sind oben bereits angeführt worden. Auf andere soll nun eingegangen werden.

Definiere rightp. Die Funktion rightp benötigt drei Argumente, seite1, seite2, seite3, welche die Längen der drei Seiten eines gegebenen Dreiecks enthalten; seite3 ist die längste Seite. rightp prüft, ob die drei Seiten ein rechtwinkliges Dreieck bilden. In einem rechtwinkligen Dreieck ist die Summe der Quadrate von seite1 und seite2 gleich dem Quadrat von seite3. Deine Funktion soll jedoch einen Meßfehler von zwei Prozent tolerieren. In anderen Worten: Deine Funktion soll 'true' liefern, wenn die Summe der Quadrate der ersten beiden Seiten um weniger als zwei Prozent von dem Quadrat der dritten Seite abweicht.

Beispiel: (rightp 3 4 5.01) = t, weil 3*3+4*4 = 25, und 25 um weniger als zwei Prozent von 5.01*5.01 abweicht.

1. (defun rightp(seite1 seite2 seite3) (cond))

Ja, Du kannst cond hier benutzen, aber es gibt einen viel einfacheren Weg zu prüfen, ob die Summe der Quadrate der ersten beiden Seiten um weniger als zwei Prozent von dem Quadrat der dritten abweicht. Du kannst ein Prädikat benutzen, dadurch könnten wir mit einem Test auskommen.

2. (defun rightp(seite1 seite2 seite3)
     (lessp(difference)<NUM2>))

Du möchtest den Betrag der Differenz zwischen den Summen der Quadrate der ersten beiden Seiten und dem Quadrat der dritten Seite erhalten; dabei beachtest Du nicht, welche der beiden Zahlen größer ist. Wir müssen deshalb den Absolutbetrag der Differenz berechnen.

3. (defun rightp(seite1 seite2 seite3)
     (lessp(abs(difference<NUM3><NUM4>))<NUM2>))

Was möchtest Du zuerst tun?
Drücke 1, wenn Du Programmtext schreiben möchtest, um die Summe der Quadrate der ersten beiden Seiten zu erhalten.
Drücke 2, wenn Du Programmtext schreiben möchtest, um das Quadrat der dritten Seite zu erhalten.

Menüwahl: 1

4. (defun rightp(seite1 seite2 seite3)
     (lessp(abs(difference(plus)<NUM4>))<NUM2>))

Nein, Du solltest hierfür besser eine Hilfsfunktion benutzen, statt es direkt zu programmieren. Unsere Funktion rightp hat momentan eine Schachtelungstiefe von vier Stufen und die Relation, die wir gerade programmieren - die Summe der Quadrate von zwei Zahlen - wird eine nützliche Hilfsfunktion sein. Laß uns daher die Summe der Quadrate der ersten beiden Seiten mittels einer Hilfsfunktion programmieren.

5. (defun rightp(seite1 seite2 seite3)
     (lessp(abs(difference(sumsq<ARGUMENTE>)<NUM4>))
     <NUM2>))

Was soll die Hilfsfunktion sumsq tun?
Drücke 1, wenn Du als Argumente das Quadrat der ersten Seite und das Quadrat der zweiten Seite nehmen möchtest, um die Summe zu berechnen.
Drücke 2, wenn Du als Argumente die erste Seite und die zweite Seite nehmen möchtest, um die Summe der Quadrate dieser Zahlen zu berechnen.
Drücke 3, wenn Du den Tutor wählen lassen möchtest.

Menüwahl: 1

Nein, wir würden keine Hilfsfunktion benötigen, wenn wir damit nur die Summe zweier Zahlen berechnen würden. Du solltest eine Hilfsfunktion entwerfen, die mehr kann als nur die Summe bilden. Es wäre besser sumsq so zu definieren, daß sie 2 Argumente benötigt, in diesem Fall [1] die erste Seite und [2] die zweite Seite, und daraus die Summe der Quadrate dieser Zahlen berechnet.

Menüwahl: 2

6. (defun rightp(seite1 seite2 seite3)
     (lessp(abs(difference(sumsq seite1 seite2)(times)))
     <NUM2>))

Du solltest eine Hilfsfunktion benutzen, die Du bereits programmiert hast: square. Da diese Funktion das Quadrat einer Zahl berechnet, kannst Du sie benutzen, um das Quadrat der dritten Seite zu berechnen.

7. (defun rightp(seite1 seite2 seite3)
    (lessp(abs(difference(sumsq seite1 seite2)
         (square seite3)))(plus)))

Ich verstehe das nicht, Rob. Wie programmierst Du zwei Prozent vom Quadrat der dritten Seite?

[ERKLÄRE]

OK. Ich erkläre, was ich möchte. Du kannst es entweder direkt programmieren, oder Du entwirfst eine Hilfsfunktion, um zwei Prozent des Quadrats der dritten Seite zu berechnen. Laß es uns mit einer Hilfsfunktion machen, das ist einfacher. Wir nennen diese Hilfsfunktion prozent. Wir definieren prozent, wenn wir rightp fertig haben.

Was meinst Du, soll die Hilfsfunktion prozent tun?
Drücke 1, wenn Du 2 Argumente nehmen möchtest, ein hundertstel von 2 und das Quadrat der dritten Seite, um ihr Produkt zu berechnen.
Drücke 2, wenn Du 2 Argumente nehmen möchtest, 2 und die dritte Seite, um den gegebenen prozentualen Anteil vom Quadrat des zweiten Arguments zu berechnen.
Drücke 3, wenn Du 2 Argumente nehmen möchtest, 2 und das Quadrat der dritten Seite, um den gegebenen prozentualen Anteil vom zweiten Argument zu berechnen.
Drücke 4, wenn Du 1 Argument nehmen möchtest, das Quadrat der dritten Seite, um zwei Prozent davon zu berechnen.
Drücke 5, wenn Du den Tutor wählen lassen möchtest.

Menüwahl: 3

Sehr gut.

8. (defun rightp(seite1 seite2 seite3)
    (lessp(abs(difference(sumsq seite1 seite2)
                 (square seite3)))
         (prozent 2 (square seite3))))

OK. Nun haben wir die Funktion rightp programmiert. Nun müssen wir noch die Hilfsfunktionen programmieren, die wir bisher benutzt, aber nicht definiert haben.

Was möchtest Du zuerst tun?
Drücke 1, wenn Du sumsq programmieren möchtest.
Drücke 2, wenn Du prozent definieren möchtest.

Menüwahl: 1

Definiere die Hilfsfunktion sumsq. Sie benötigt 2 Argumente. (num1 num2) sind die voreingestellten Namen dieser Argumente, aber Du kannst sie nennen wie Du möchtest. Sumsq sollte die Summe der Quadrate von num1 und num2 berechnen.

9. (defun sumsq(s y)
     (plus(square s)(square y)))

OK. Nun haben wir die Funktion sumsq programmiert. Nun müssen wir noch die Hilfsfunktionen definieren,die wir bisher benutzt, aber nicht definiert haben. Definiere die Hilfsfunktion prozent. Sie benötigt 2 Argumente. (proz total) sind die voreingestellten Namen dieser Argumente, aber Du kannst sie nennen wie Du möchtest. prozent sollte proz Prozent von total berechnen.

10. (defun prozent(x y)
      <PROCESS>

[ERKLÄRE]

OK. Ich erkläre, was ich möchte. Laß uns überlegen, wie man x Prozent der zweiten Zahl programmiert.

Wie kannst Du x Prozent von der zweiten Zahl programmieren?
Drücke 1, wenn Du die zweite Zahl mit einem hundertstel von x multiplizieren möchtest.
Drücke 2, wenn Du die zweite Zahl mit x multiplizieren möchtest.
Drücke 3, wenn Du die zweite Zahl durch 100 teilen möchtest.
Drücke 4, wenn Du den Tutor wählen lassen möchtest.

Menüwahl: 1

Gut.

11. (defun prozent(x y)
    (times<NUM1><NUM2>))

Was möchtest Du tun?
Drücke 1, wenn Du ein hundertstel der ersten Zahl programmieren möchtest.
Drücke 2, wenn Du Programmtext schreiben möchtest, um die zweite Zahl zu erhalten.

Menüwahl: 1

12. (defun prozen(x y)
    (times(quotient x .01)<NUM2>))

Nein, das ist nicht die richtige Zahl. Wie schreibt man einhundert in LISP?

13. (defun prozent(x y)
    (times(quotient(x 100)y)))

OK. Nun haben wir die Funktion prozent programmiert. Es sind keine weiteren Hilfsfunktionen zu programmieren.

Bildschirmprotokoll einer Übung mit dem LISP-Tutor

(aus:/Anderson, 164ff./, Übersetzung durch den Autor)

Übertragbarkeit dieser Ergebnisse auf andere Themenstellungen

In ähnlich gut strukturierten Bereichen wie der Mathematik oder teilweise den Naturwissenschaften sind qualitativ gleichwertige Programme – für das Lehren von Grundlagen – durchaus möglich. Damit beschäftigen sich auch die zahlenmäßig meisten Forschungsarbeiten. Daß Ergebnisse dieser Arbeiten für komplexere Themen in diesen Bereichen (z.B. für das Unterrichten von Algebra oder Compilerbau) oder gar für gesellschaftswissenschaftlichen oder sprachlichen Unterricht genutzt werden können, ist mehr als fraglich. In Bereichen, in denen es nicht auf das Lösen von Aufgaben ankommt, bei denen man exakt entscheiden kann, ob sie richig oder falsch gelöst sind, sind bisher keine sinnvollen, funktionsfähigen ITS entwickelt worden. Dies liegt u.a. daran, daß die Problemlösekomponenten von ITSen regelbasiert arbeiten, d.h. durch die Anwendung logischer und heuristischer Regeln die Aufgabenstellungen lösen. Der Unterricht besteht dann darin, dem Schüler diese Regeln zu vermitteln. Nun ist es aber höchst umstritten, inwiefern Menschen Probleme auf dieselbe Art lösen wie Expertensysteme, und daher fraglich, ob Unterricht auf das Vermitteln von Regeln und deren Anwendung reduziert werden kann.

Ein Beispiel mag das verdeutlichen: Fluglehrer der Air Force lehren Anfängerpiloten bestimmte Regeln, nach denen die Instrumente im Cockpit abgelesen werden sollen. Diese Regeln haben sie früher selbst gelernt, und sie haben sich für den Unterricht als sinnvoll erwiesen. Zur allgemeinen Überraschung stellten aber Psychologen bei einer Untersuchung, bei der die Augenbewegungen der Fluglehrer im Flugsimulator aufgezeichnet wurden, fest, daß die Fluglehrer diese Regeln selbst nicht befolgen. Vielmehr war bei ihren Augenbewegungen überhaupt keine Regelhaftigkeit festzustellen. (/DREYFUS, S. 207 f/)

Stellen wir uns nun vor, die Fluglehrer würden durch ITSe ersetzt. Zum Lehren der Regeln mag das sinnvoll sein; der flexible Übergang zu einem intuitiven Situationsverständnis, zu einem Niveau also, auf dem der Pilot die Instrumente quasi »mit einem Blick« überschaut, würde verbaut.

Stupide und unbarmherzig würde das ITS dem Schüler immer wieder die Regelverletzungen vorhalten und somit den individuellen, intuitiven Umgang mit den Instrumenten verhindern. Diese Situation könnte auch nicht daduch entschärft werden, daß nach und nach immer komplexere Regeln und Metaregeln gelehrt würden, denn erfahrene Piloten befolgen – wie die Untersuchung gezeigt hat – keine bestimmten Regeln.

KI-Forscher weisen immer wieder darauf hin, daß die Regeln für Expertensysteme in Zusammenarbeit mit einem menschlichen Experten (selten mehreren!) aufgestellt werden. Dies bedeutet aber nicht, daß die Thematik dadurch vollständig beschrieben ist. Es besteht vielmehr die Gefahr, daß wesentliche Teilbereiche nicht darstellbar sind, wenn man sich bei der Beschreibung auf das Festlegen von Regeln beschränkt. Nicht umsonst ziehen es Lehrer häufig vor, einzelne Aspekte eines Problems anhand praktischer Beispiele zu veranschaulichen, weil sich diese Details theoretisch nicht fassen lassen. Oder – um es anders auszudrücken – ein Fachgebiet wie die Geometrie wird nicht dadurch gelehrt, daß Schüler mit Hilfe ITSe einzelne Rechen- und Beweisverfahren lernen bzw. üben. Durch diese Systeme wird ausschließlich dieses eine Rechen- bzw. Beweisverfahren gelehrt. Ein Verständnis für das ganze Gebiet der Geometrie wird der Schüler – auch durch die Aneinanderreihung mehrerer ITSe – nur schwer erlangen.

Berücksichtigt man, daß für die Erstellung eines ITSs derzeit tausende von Arbeitsstunden benötigt werden und setzt dies ins Verhältnis zur Bedeutung des gelehrten Materials innerhalb des Fachgebietes, so wird ein krasses Mißverhältnis deutlich. Um dieses zu mildern, sollen in nächster Zeit Programmierwerkzeuge entwickelt werden, um die Arbeitszeit für den Entwurf einer Unterrichtsstunde auf 200 Stunden zu reduzieren. Das wäre immerhin doppelt soviel, wie für den Entwurf von herkömmlicher Unterrichtssoftware angesetzt wird.

Das 5-Stufenmodell menschlichen Lernens

Im folgenden wird ein von /DREYFUS/ entwickeltes Modell für menschliches Lernen vorgestellt, aus dem ersichtlich wird, wann das Lehren von Regeln sinnvoll sein kann und wann es Fortschritte der Schüler verhindern würde.

Die erste Stufe ist die eines Neulings (novice).
Hier lernt der Schüler kontextfreie Regeln, d.h. Anweisungen, die unabhängig von der Situation immer gültig sein sollen. So lernt ein Fahrschüler, bei welcher Geschwindigkeit er in den nächsten Gang schalten und bei welcher Geschwindigkeit er welchen Abstand halten muß, unabhängig von Verkehrsdichte oder vorhersehbaren Stops. Ein Schachneuling lernt z.B. die Regel: »Tausche deine Figuren mit denen des Gegners, wenn die Figuren des Gegners mehr Wert sind als deine eigenen.«
  Wann er diese Regel verletzen darf, erfährt er zunächst noch nicht.
  Die Verarbeitung kontextfreier Regeln wird auch als Informationsverarbeitung bezeichnet, entspricht also im Prinzip der Arbeitsweise eines Computers.

Die zweite Stufe ist die eines Anfängers (advanced beginner).
Neben weiteren und komplizierteren kontextfreien Regeln lernt der Schüler, durch die praktische Anwendung seines Wissens mit konkreten Situationen umzugehen. Er kann in bestimmten Situationen auf Wissen aus ähnlichen bereits erlebten Situationen zurückgreifen.
  Sein Verhalten beruht nun auf kontextfreien und situationalen Elementen. Ein Hundebesitzer lernt z.B. zu unterscheiden, was die verschiedenen Arten zu Bellen bei seinem Tier bedeuten. Der Fahrschüler lernt, in Abhängigkeit vom Motorengeräusch zu schalten, und der Schachanfänger lernt, bestimmte günstige und ungünstige Positionen auf dem Schachbrett zu unterscheiden.
  All diese situationalen Elemente lassen sich nicht durch kontextfreie Regeln beschreiben, oder Regeln wären für den Schüler in der Praxis nicht anwendbar. Könnte z.B. das Hundegebell durch Oszillographenbilder optisch unterscheidbar gemacht werden, würde dies dem Hundebesitzer nicht helfen.

Die dritte Stufe ist die der Kompetenz (competence).
Die Zahl der kontextfreien und situationalen Elemente wird nach und nach so groß, daß der Schüler sie nicht mehr überschauen kann. Er muß in einer bestimmten Situation die jeweils wichtigsten Elemente auswählen und andere vernachlässigen. Er stellt also nach gründlicher Überlegung einen Plan auf, um die Situation zu meistern und ist nun daran interessiert, zu erfahren, ob seine Überlegungen richtig sind. Indem er den Plan in die Praxis umsetzt, erfährt er, ob seine Entschei-

dung sinnvoll war oder nicht. Durch die gefühlsmäßige Beteiligung am Geschehen wird sich diese ganze Situation stark ins Gedächtnis einprägen – unabhängig davon, ob der gewählte Plan nun erfolgreich war oder nicht.

Der Schachspieler lernt in dieser Stufe z.B., daß es sinnvoll sein kann, Figuren zu opfern, um einen Positionsvorteil zu erlangen, obwohl dies im Widerspruch zu der oben angeführten Regel steht. Beim Autofahrer steht nicht mehr das Befolgen gelernter Regeln im Vordergrund; vielmehr überlegt er sich, wie er am besten von einem bestimmten Ort zu einem anderen kommt. Dabei wägt er ab, wieviel Zeit er hat, ob er geruhsam fahren möchte oder sportlich etc. und entscheidet sich dann für eine bestimmte Route. Diese Entscheidung wird während der Fahrt eventuell noch einige Male in Abhängigkeit vom Verkehrsgeschehen geändert.

Kennzeichnend für die dritte Stufe ist demnach, daß Schüler sich auf dieser Stufe erstmals eigene Ziele setzen und versuchen, diese mit Hilfe ihres bisherigen Wissens und ihren Erfahrungen zu erreichen.

Mit Gewandtheit (proficiency) wird die vierte Stufe des Lernens bezeichnet.
Wurden die Situationen in den ersten drei Stufen distanziert analysiert, so werden sie nun intuitiv erkannt.

Der Autofahrer erkennt intuitiv, ob er zu schnell auf eine Kurve zurast, der Schachspieler erkennt ebenso auf den ersten Blick die wesentlichen Elemente einer Stellung auf dem Brett und daß er z.B. angreifen muß. Diese Art »Intuition ist weder wildes Raten noch übernatürliche Inspiration, sondern eine Fähigkeit, die wir immerzu bei jeder alltäglichen Handlung anwenden.« (/DREYFUS, S. 53/)

Sie beruht auf einem reichen Erfahrungsschatz, viel Übung und Faktenwissen. Nachdem eine Situation erkannt wurde, wird analysiert, was nun am besten zu tun ist.

Der Autofahrer wird überlegen, ob es besser ist, abzubremsen oder nur Gas wegzunehmen, und der Schachspieler, wie er den Angriff am besten ausführen soll.

Die fünfte und höchste Stufe ist das Expertentum (expertise).
»Wenn keine außergewöhnlichen Schwierigkeiten auftauchen, lösen Experten weder Probleme noch treffen sie Entscheidungen; sie machen einfach das, was normalerweise funktioniert.« (/DREYFUS,

S. 55/) Genauso wenig wie wir beim Gehen unsere Füße bewußt voreinandersetzen, überlegen Fahrexperten, wie sie ihren Wagen steuern sollen. Experten verschmelzen sozusagen mit ihrer Tätigkeit. Im Straßenverkehr sind wir z.b. in der BRD fast alle Experten für Rechtsverkehr. Wir brauchen nicht zu überlegen, auf welcher Straßenseite wir uns nach dem Abbiegen einordnen müssen, wir ordnen uns einfach richtig ein. Ebenso geht es uns beim Sprechen, Lesen und vielen anderen alltäglichen Verrichtungen – wir tun es, ohne uns darüber Gedanken zu machen. Dies alles soll nun nicht heißen, daß Experten über ihr Handeln nie mehr nachzudenken brauchen und immer richtig entscheiden. Natürlich werden auch Experten sich kritisch mit ihrer Arbeit oder schwierigen Situationen auseinandersetzen, sie werden diese aber nicht rational analysieren, sondern mit ihrem intuitiven Problemverständnis ihr Tun von allen Seiten kritisch betrachten.

Dreyfus bezeichnet diese Art des Handelns als arational, womit er ein Handeln meint, das »ohne bewußtes, analytisches Zerlegen und Rekombinieren« (/DREYFUS, S. 62/) auskommt. Der weitverbreitete Zwang zur Rationalität in der westlichen Welt verlangt allerdings oft von Experten, ihr Handeln rational zu begründen. Dies führt dazu, daß intuitiv als richtig erkanntes Handeln im nachhinein rationalisiert wird – daß also, nachdem eine Entscheidung getroffen wurde, nach Gründen gesucht wird, diese auch sinnvoll erscheinen zu lassen. Dreyfus meint, daß »eine Rationalisation in diesem Sinne auf das Erfinden von Gründen hinaus(läuft)« (S. 60) und daß dies eine negative Form der Rationalisation sei.

Das 5-Stufenmodell und die Grenzen des Computereinsatzes im Unterricht

Behalten wir das 5-Stufenmodell im Auge und überlegen, in welchen Bereichen uns Computer beim Lernen hilfreich sein können.

Stufe 1 ist sicherlich dafür prädestiniert; der Umgang mit kontextfreien Regeln ist simpel und abprüfbar.

Beim Umgang mit situationalen Elementen wird es schon schwieriger. Hier kann der Computer nur helfen, wenn Situationen realitätsnah nachgebildet werden können – bei dem oben angeführten Beispiel des Hundegebells sicherlich ebenso unnötig wie unmöglich. In anderen Situationen kann es aber durchaus sinnvoll sein, die Realität zu simulieren, um den Schülern gefahrloseres Üben zu ermöglichen (z.B. am Flugsimulator) oder um Lernumgebungen bereitzustellen, in denen Umwelteinflüsse nicht von den wesentlichen Ereignissen ablenken (z.B. Simulation komplizierter naturwissenschaftlicher Experimente). Dabei wird es immer darauf ankommen, daß die Schüler rechtzeitig auch mit realen Situationen konfrontiert werden; schließlich sollen die Schüler nicht den virtuosen Umgang mit dem Simulator lernen, sondern sich in realen Situationen zurechtfinden. Niemand würde auf die Idee kommen, Flugschüler nach einer Flugsimulatorausbildung ins Cockpit eines Linienflugzeuges zu setzen; bei Simulationen z.B. im naturwissenschaftlichen Bereich sind solche Grenzen nicht immer so deutlich zu sehen.

Allgemeingültige Aussagen darüber, ob Computer die Stufe 3 – also das Niveau der Kompetenz – erreichen können, sind kaum möglich. Dreyfus hält es für möglich, daß Computerprogramme in thematisch eng begrenzten Bereichen dieses Niveau erreichen können. Hierfür werden jahrelange Analysen und Erprobungen notwendig sein. Gute Schachprogramme spielen z.B. auf diesem Niveau. Es ist aber mehr als zweifelhaft, ob Computer auf dieser Stufe noch als Tutor eingesetzt werden können. Auf diesem Niveau Fehler der Schüler auf falsch angewandte Regeln zurückzuführen, wird selten möglich und sinnvoll sein. Vielmehr ist zu befürchten, daß tutorieller Computereinsatz das Lernen der Schüler und insbesondere den Übergang zu den beiden höchsten Stufen behindert, wie es am Beispiel der Augenbewegungen von Flugschülern weiter oben aufgezeigt worden ist.

Daß Computer Expertenniveau erreichen, also auf Stufe 4 oder gar 5 z.B. als Tutoren eingesetzt werden können, ist mehr als zweifelhaft. Selbst in so gut untersuchten Bereichen wie dem Schachspiel wird inzwischen bezweifelt, daß Computer in absehbarer Zeit menschliches Expertenniveau erreichen können. David Levy, ca. tausendster der Schachweltrangliste, verlor seinen Optimismus in Bezug auf die Qualität von Schachprogrammen, als er im Jahre 1984 das damalige Weltmeisterprogramm (Cray Blitz) mit 4:0 besiegte, indem er die Strategieblindheit des Computers ausnutzte.

Levy kommentierte dieses Ergebnis mit den Worten: »In den letzten Jahren war ich mehr und mehr zu der Überzeugung gelangt, daß die Programme innerhalb eines Jahrzehnts vermutlich sehr starkes Großmeisterschach spielen werden. Nachdem ich nun aber

mit diesem Ding gespielt habe, scheint mir ein ernsthaftes Match, in dem ein menschlicher Schachweltmeister gegen ein Programm verliert, in fernerer Zukunft zu liegen, als ich angenommen habe.«
»Der Kampf bestand darin, daß das Programm nicht verstand, was vor sich ging.« (beide Zitate von Levy in Los Angeles Times, 12. 5. 1984, zitiert nach /DREYFUS, S. 158/)

Dem Einsatz von Computern auf Expertenniveau stehen derzeit vor allem folgende Mängel entgegen: Computer sind nicht in der Lage
- die Grenzen ihres Wissensbereiches abzuschätzen;
- die Güte ihrer Problemlösungen oder ihres Lösungsweges abzuschätzen oder inbezug zu anderen Lösungen und Lösungswegen zu bewerten;
- mit unvorhergesehenen Situationen produktiv umzugehen;
- kreativ mit Problemstellungen umzugehen.

Abgesehen von diesen Unterschieden zu menschlichen Experten muß berücksichtigt werden, daß »man differenzieren (muß) zwischen der Simulation bestimmter Fähigkeiten, die eine äußere, sich auf die Verhaltensebene beziehende Kongruenz von menschlicher und maschineller Kompetenz beinhaltet, und der strukturellen Isomorphie derartiger Prozesse. Das erkenntnistheoretische Problem, das hier deutlich wird, besteht darin, daß die Äquivalenz der phänomenologischen Ebene noch nicht gleichbedeutend ist mit der Vergleichbarkeit der wesensmäßigen Struktur. Konkreter: wenn ein Computersystem gleiche konkrete Resultate produziert wie ein Mensch, so impliziert dies nicht, daß die zugrundeliegenden Prozesse der Problemlösung bei Mensch und Maschine äquivalent sind.« (/BECKER, 1986, S. 172/) (vgl. auch Searles »Experiment mit dem chinesischen Zimmer«, Kapitel 4)

Solange Computer Probleme auf eine grundlegend andere Art und Weise lösen wie Menschen, können sie aber Menschen nicht die diesen eigene Problemlösemethode lehren.

Abgesehen davon »kommt es auf die Problemstellung häufig mehr an als auf die eigentliche Lösung, die manchmal nur Sache der mathematischen und experimentellen Routine ist« (Albert Einstein, Leopold Infeld, Die Evolution der Physik).

»Die richtige Frage in den Blick zu bekommen und zu stellen ist oft wichtiger, oft eine größere Leistung als die Lösung einer gestellten Frage ...« (Max Wertheimer, Produktives Denken, beide Zitate aus /EDWARDS, S. 16/). Schöpferisches Denken, das hierfür notwendig ist, ist dem Menschen vorbehalten. Entsprechende Fähigkeiten können daher auch nur von Mensch zu Mensch weitergegeben werden.

Künstliche Intelligenz – Vorbehalte gegenüber zu hohen Erwartungen

In diesem Zusammenhang möchte ich kurz begründen, warum eine gewisse Skepsis gegenüber Versprechungen aus dem Bereich der Künstlichen Intelligenz angebracht ist.

Innerhalb der KI beschränkt man sich bei der Kritik eigener Ansätze darauf, nachweisbare Programmängel zu beheben; grundlegende Annahmen wie die der Isomorphie menschlichen und maschinellen »Denkens« werden nicht hinterfragt.

Barbara Becker stellt in ihrer Analyse von Expertensystemen fest, »daß sich die Ansätze zu einer kritischen Analyse von Expertensystemen vorrangig darauf beschränken, die Gründe für mangelnde Einsatzmöglichkeiten, Ineffizienzen und fehlende Akzeptanz bei Benutzern herauszufinden, um auf dieser Grundlage leistungsfähigere Systeme zu bauen. Grundsätzliche Fragen, die sich auf die Zulässigkeit von Strukturen zur Repräsentation von Wissen beziehen, auf die Analyse des Problemlösungsprozesses oder gar auf soziokulturelle oder epistemologische Probleme werden nur partikular und oft sehr oberflächlich angesprochen. Der Vergleich zwischen Mensch und Maschine ist für die Konstrukteure von Expertensystemen nur insoweit relevant, als sie sich dadurch eine Verbesserung der Systemkonfiguration erhoffen.« (/BECKER, 1986, S. 102, 103/)

Innerhalb dieser Ideologie ist jedes verbesserte Programm automatisch ein großer Schitt in die richtige Richtung. Sobald aber die Annahme der Isomorphie zwischen menschlichem und maschinellem »Denken« in Frage gestellt ist, bricht diese Argumentation in sich zusammen, und die krasse Diskrepanz zwischen maschinellem Problemlösen und menschlichem Denken – die zum großen Teil prinzipieller Natur ist – wird sichtbar.

Die Schlußfolgerung, die B. Becker daraus für die medizinische Ausbildung zieht, kann sicherlich auf andere Unterrichtsthemen übertragen werden: »Expertensysteme können ... keine Lehrbücher ersetzen, in denen eine detaillierte Schilderung klinischer Fälle dem angehenden Mediziner eine Vorstellung über Krankheitsbilder und eine Einsicht in individuelle Krankheitsabläufe ermöglicht, da sie lediglich abstraktes, vom Menschen losgelöstes Wissen vermitteln, das zwar in der späteren Praxis durchaus hilfreich ist, im Ausbildungsbereich jedoch nur mit Umsicht weitergegeben werden sollte.« (/BECKER, 1986, S. 159/)

7. Lernen: Mehr Motivation durch Computer?

Für den sprachlichen Unterricht wird inzwischen eine Vielzahl an Übungsspielen angeboten. Die dahinterstehende Idee ist, daß viele Kinder und Jugendliche gern mit Computern spielen. Daraus wird gefolgert, daß dieser Motivationsfaktor der Computer zur Wissensvermittlung genutzt werden könnte.

Die Feststellung, daß viele Kinder und Jugendliche gern mit Computern spielen, ist nicht so allgemeingültig, wie oft angenommen wird. Nach einer EMNID Studie von 1984 schwankt der Anteil der Jugendlichen, die häufigen Kontakt zu Computern haben, zwischen zwei und vierzehn Prozent, abhängig vom Alter und vom Geschlecht.

Interaktion mit einem programmierten Computer	Männer			Frauen			
	14-15 Jahre	16-19 Jahre	20-24 Jahre	14-15 Jahre	16-19 Jahre	20-24 Jahre	14-19 Jahre
häufig	14	7	8	2	2	5	6
gelegentlich	14	33	23	25	28	22	25
nie	70	59	68	70	75	72	69
'Infizierbarkeitsindex' häufig / gelegentlich + häufig	.50	.18	.26	.07	.10	.19	.19

Geschlechtsspezifische Anteile von Altersgruppen, die in der BRD verschieden häufig mit programmierbaren Computern interagieren (/MANDL, FISCHER/, S. 95). Um zu handhabbaren Größen zu gelangen, wurde der Wert für 14-19 jährige Menschen aus den vier Einzelwerten berechnet. Eventuell daraus folgende statistische Ungenauigkeiten sind in diesem Zusammenhang unerheblich.

Obwohl ca. 31% dieser Jugendlichen Kontakt zu Computer haben, fühlen sich nur 6% so von diesen angezogen, daß sie sich immer wieder an diese Geräte setzen. Auffallend an diesen Zahlen ist weiterhin, daß sich insbesondere Jungen – speziell im Alter von 14-15 Jahren – stark von Computern angezogen fühlen. Weitere Untersuchungen wären notwendig, um herauszufinden, warum die restlichen 69% der Jugendlichen nie Kontakt mit einem Computer haben und in welchem Ausmaß ein solcher Kontakt, wenn er ermöglicht würde, zu Computerbegeisterung führen würde.

Doch auch wenn alle Jugendlichen Zugang zu Computern hätten, würden sicherlich nicht mehr als 20% aller Jugendlichen zu »Computerfreaks«; denn daß sich von den 69%, die 1984 keinen Zugang zu Computern hatten, anteilsmäßig mehr begeistern lassen als von den anderen 31%, ist kaum anzunehmen.

Wer heutzutage unbedingt mit einem Computer arbeiten will, wird Mittel und Wege finden, um sich entsprechende Zugangsmöglichkeiten zu verschaffen. Es kann also angenommen werden, daß das Interesse am Umgang mit Computern bei der großen Gruppe der Jugendlichen, die derzeit keinen Zugang zu Computern haben, nicht sehr ausgeprägt ist.

Wird daher CuU mit der Computerbegeisterung der Jugendlichen begründet, muß man hinzufügen, daß sich allerhöchstens 20% der Jugendlichen von diesen Geräten so begeistern lassen, daß sie freiwillig damit arbeiten. Bei den restlichen 80% kann von einer solchen Computerbegeisterung nicht gesprochen werden.

Soviel zur Computerbegeisterung von Kindern und Jugendlichen; wenden wir uns nun der daraus gezogenen Schlußfolgerung zu, daß der Motivationseffekt, der von Computern ausgeht, für Lernprogramme, insbesondere für Lernspiele genutzt werden kann. Um dazu genauere Aussagen machen zu können, muß untersucht werden, worauf die Motivation, am Computer zu arbeiten, beruht. /RHEINBERG/ hat hierzu eine Pilotstudie mit 28 Jugendlichen im Alter von 14-19 Jahren durchgeführt.

Der Reiz im Umgang mit Computern liegt demnach in der Möglichkeit, sich bei dieser Arbeit Ziele setzen zu können und selbständig etwas zu schaffen; insbesondere kann man sich Probleme suchen, die nicht zu leicht, aber auch nicht zu schwer sind. Macht man dennoch Fehler, braucht man keine Angst oder Unsicherheit erleben, da die Fehler nur die künstlich geschaffene Welt betreffen.

Selbständig etwas leisten zu können, ohne dabei Angst vor Mißerfolgen haben zu müssen, ist der eine bestimmende Faktor der Computerbegeisterung. Dies wird auch von anderen Untersuchungen bestätigt, so z.B. von /TURKLE/, die festgestellt hat, daß das garantierte Erfolgserlebnis, welches das Aufbauen und/oder Beherrschen einer künstlichen Welt am Computer hervorbringt, ein wesentliches Element der Computerbegeisterung ist.

Der zweite wesentliche Faktor ist das sogenannte »Flußerlebnis«, womit das selbstvergessene Aufgehen in eine Tätigkeit umschrieben wird. Csikszentmikalyi (s. /RHEINBERG/) hat dieses Flußerlebnis z. B. bei Schachspielern und extremen Felskletterern festgestellt. Auch Computerfreaks und in noch stärkerem Maße Videospieler berichten oftmals von Situationen, in denen sie alles um sich herum vergessen.

Untersuchen wir nun Lernprogramme und Lernspiele daraufhin, wie sie diese beiden Faktoren – selbständiges Arbeiten mit garantiertem Erfolgserlebnis sowie Flußerlebnis – ermöglichen, so müssen wir feststellen, daß die Arbeit mit einem Lernprogramm sich grundlegend von der normalen Arbeit am Computer unterscheidet. Haben wir es auf der einen Seite mit selbständigem, freiem Arbeiten und zunehmender Beherrschung eines komplexen Systems zu tun, handelt es sich auf der anderen Seite um ein relativ starres Programm mit sehr beschränkten Interaktionsmöglichkeiten.

Das garantierte Erfolgserlebnis beim Umgang mit dem Computer kann beim Arbeiten mit Lernprogrammen nicht zum bestimmenden Motivationsfaktor werden, weil das Lernprogramm gerade realweltliche Informationen vermitteln und nicht als künstliche Spielwelt dienen soll.

Die dem Flußerlebnis zugrundeliegenden Bedingungen können nach /RHEINBERG/ dennoch zur Verbesserung von Lernsoftware verwendet werden. Sein erster diesbezüglicher Vorschlag beruht auf der Erkenntnis, daß ständige Rückmeldungen darüber, was der Schüler noch nicht kann, dazu führen, daß der Schüler durch Grübeln über seine vermeintliche Unfähigkeit vom Lernen abgelenkt wird. Daher schlägt er – aber auch /SCHMIDT-SCHÖNBEIN/ – vor, Rückmeldungen über Lernergebnisse nur auf Wunsch des Schülers einzublenden und/oder sie so zu gestalten, daß der Lernzuwachs ersichtlich ist. Letzteres läßt sich entweder über einen Vor-/Nachtest erreichen oder durch fortlaufendes Aufaddieren der bei den einzelnen Aufgaben erzielten Punkte.

Ein weiterer Vorschlag Rheinbergs befaßt sich mit der Rückmeldung bei Verständnisproblemen. Er ist der Meinung, daß bei Verständnisfehlern statt der Einblendung eines Belehrungstextes ein »sokratischer Dialog« initiiert werden soll. In einem sokratischen Dialog wird der Gesprächspartner durch penetrantes Ausfragen seines eigenen Nichtwissens überführt und anschließend durch weitere Fragen zur richtigen Erkenntnis geführt (vgl. Meyers großes Taschenlexikon in 24 Bänden, Mannheim, 1981, Band 5 und 20).

Abgesehen von der Schwierigkeit, Verständnisprobleme von Wissensdefiziten zu unterscheiden, sind aber auch die Möglichkeiten zur Gestaltung eines »sokratischen Dialogs« auf dem Computer sehr begrenzt.

Ob sich der Programmieraufwand für einen solchen »Dialog«, der im Vergleich zum menschlichen Dialog sehr standardisiert und primitiv ausfallen würde, lohnt, muß bezweifelt werden; insbesondere deshalb, weil die Anwender solcher Programme (Lehrer und Schüler) wegen der komplexen Programmierung Inhalt und Ablauf der Lernprogramme noch weniger beeinflussen könnten. Aus diesen Gründen wird sich der »sokratische Dialog« auf einige standardisierte Fragen beschränken, durch die die Schüler auf Fehler hingewiesen werden und eine zweite oder dritte Möglichkeit bekommen, die Frage richtig zu beantworten.

Der letzte Vorschlag Rheinbergs bezieht sich auf den Zeitdruck, der ein bestimmender Faktor für das Flußerlebnis sein kann (z.B. bei Videospielen und Blitzschach). Rheinberg hält es für überlegenswert, Lernprogramme mit Zeittakt zur Konzentrationssteigerung einzusetzen. Da er sich der pädagogischen und psychologischen Bedenken dem gegenüber bewußt ist, sollte eine solche Zeitbegrenzung vom Lerner frei wählbar sein. Meiner Meinung nach verkommt bei einer solchen Vorgehensweise das beste Lernprogramm zur simplen Drillmaschine, da die Wissensvermittlung auf das richtige und rechtzeitige Drücken von Tasten reduziert wird. Nicht mehr das Lernen der Inhalte steht dann im Vordergrund, sondern der virtuose Umgang mit dem Lernprogramm.

Zum Teil sind diese Vorschläge geeignet, etwas bessere Lernprogramme zu schreiben. Deutlich wird aber auch, wieviel Überlegung und Arbeit notwendig ist, um geringfügige Verbesserungen zu erzielen und, zum anderen, daß selbst gute Programme nicht den Motivationseffekt haben können, den Computer bei einigen Jugendlichen hervorrufen.

Die Rolle, die der Computer üblicherweise für computerbegeisterte Menschen spielt, unterscheidet sich eben prinzipiell von der, die er bei der Vermittlung von Faktenwissen durch Lernprogramme einnimmt. Auf Dauer motiviert die Menschen aber nur die Tätigkeit, die sie mit Hilfe eines Gerätes ausführen und nicht das Gerät als solches. Daher kann der Verweis auf die Computerbegeisterung junger Menschen nicht als Begründung für den Einsatz oder die Entwicklung von CuU-Systemen herhalten.

Rheinberg stellt fest, daß die Motivation, für die Schule zu lernen, bei den Schülern auf einer Ebene mit Tätigkeiten wie Geschirrspülen, Rasenmähen und Zimmeraufräumen liegt, also in keiner Weise mit Mopedfahren, Sporttreiben o.ä. verglichen werden kann.

Diese Grundhaltung wird auch der Computereinsatz höchstens vorübergehend ein wenig positiv beeinflussen können.

8. Computersimulationen im Unterricht

Von allen CuU-Formen haben sich Computersimulationen in den letzten Jahren am meisten bewährt. Dies hängt sicherlich damit zusammen, daß der Computer hier zur Berechnung und Bearbeitung mathematischer und formal-logischer Inhalte benutzt wird, also nicht Thematiken darstellen muß, die er selbst nicht adäquat bearbeiten kann. Dieser Einsatz des Computers als Werkzeug im Unterricht soll im folgenden näher untersucht werden. Die didaktische Analyse des Unterrichtsmediums Computersimulation, die von /WEDEKIND/, /SIMON/ u.a. im Rahmen des Forschungs- und Entwicklungsvorhabens »Computerunterstützte Simulationen im naturwissenschaftlichen Unterricht« vorgenommen wurde, wird dargestellt und dient als Ausgangspunkt zur Untersuchung heutiger Unterrichtskonzepte für den Einsatz von Computersimulationen.

Begriffsbestimmung

»Unter Simulation ist die zielgerichtete Arbeit mit dem Modell eines Systems zu verstehen, wobei es sich im Fall der Computersimulation immer um ein mathematisches oder formal-logisches Modell handelt, dessen Algorithmus als ein vom Rechner zu verarbeitendes Programm vorliegt.« (/WEDEKIND, S. 26/) Durch diese Definition können Simulationen unter anderem von Spielen abgegrenzt werden, für die weder zielgerichtete Arbeit noch ein festes Modell zugrunde liegen muß. Um den Platz der Computersimulationen im Bereich der Simulationen genauer festlegen zu können, ist es notwendig, verschiedene Simulationsmethoden gegenüberzustellen. Der Formalisierungsgrad der den Simulationen zugrundeliegenden Modelle ist ein wesentliches Kriterium, um verschiedene Simulationsformen zu unterscheiden. Am wenigsten formalisiert sind Rollenspiele. Durch diese wird ein soziales Umfeld simuliert, indem den einzelnen Mitspielern zu Beginn bestimmte Verhaltensmuster (Rollen) vorgegeben werden. Ausgehend von einer konkreten Situation entwickelt sich das Geschehen in Abhängigkeit von den handelnden Mitspielern in kaum vorhersehbarer Weise. Die sozialen Umstände der vorgegebenen Situation werden dabei modellartig nachgebildet, mit dem Ziel, eigene Rollen hinterfragbar zu machen und ein komplexeres Verständnis von der Problemsituation zu erlangen.

Es liegt also eine Simulation vor, der kein formal-logisches oder mathematisches Modell zugrunde liegt. Ein weiterer wesentlicher Unterschied zu Computersimulationen besteht in der Interaktionsform: das Rollenspiel basiert auf dem Dialog zwischen den Mitspielern, deren Einfluß- und Entscheidungsmöglichkeiten nur durch ihre mehr oder weniger vage formulierte Rolle begrenzt wird.

Eine weitere Simulationsform – neben dem Rollenspiel – ist das Gedankenexperiment. Dabei versucht man, eine Theorie auf real unzugängliche Bereiche anzuwenden, um weitergehende Erkenntnisse über Theorie und Realität zu gewinnen. Hierbei können Computersimulationen angewendet werden, um z.B. die Lorentzkontraktion bei Bewegungen mit Lichtgeschwindigkeit darzustellen.

Computersimulationen sind die strukturierteste Form von Simulationen; ihnen liegen immer formal-logische Modelle zugrunde. Die Aktivitäten der Menschen, die mit ihnen arbeiten, beschränken sich auf die Auswahl von Parameterwerten (z.B. bei der Tanaland-Studie, s. Kapitel 5) oder auf die Reaktion auf vorgegebene Situationen (z.B. beim Flugsimulator).

Die Simulation im Rahmen der Modelltheorie

Die in den 40er Jahren entwickelte Systemtheorie liefert den wissenschaftlichen Hintergrund für Simulationen. Um die Rolle der Simulationen im Rahmen der Systemtheorie zu beschreiben, müssen zuerst die Begriffe System und Modell definiert werden.

System
»Unter einem System versteht man die Gesamtheit von solchen Teilen, die zueinander, zum Ganzen und in der Regel auch zur Umwelt in irgendeiner Beziehung stehen, aufeinander wirken und

sich gegenseitig beeinflussen.« (Varja, »Systemtheorie«, Berlin, 1977, zitiert nach /WEDEKIND, S. 31/).

Nicht nur nach dieser Definition kann prinzipiell alles als System aufgefaßt werden, ein Absolutheitsanspruch, der von Systemtheoretikern oft aufgestellt wird. Da ein solcher Anspruch aber keinen Erkenntnisgewinn bringt, sollten andere Folgerungen aus dieser Systemdefinition in den Vordergrund gestellt werden, insbesondere, daß ein System sich gegenüber der Realität abgrenzen lassen muß und als Gesamtheit ebenso beschreibbar sein muß wie seine Teile und die Wechselwirkungen zwischen ihnen.

Die Eingrenzung des Blickwinkels auf ein System erfolgt mit dem Ziel, dieses System besser manipulieren zu können als die Realität. Die Erfassung der realen Außenwelt in Systemen ist untrennbar mit der Modellbildung verknüpft, da durch das Abgrenzen eines Systems gegenüber der Realität zugleich von dieser abstrahiert wird. Aus dem dadurch bedingten Modellcharakter von Systemen folgt, daß die durch die Systeme gewonnenen Erkenntnisse nicht einfach auf die Realität übertragen werden können.

Modell
»Ein Abbild eines Objekts ist dann ein Modell, wenn es ein Subjekt gibt, das dieses Abbild zu bestimmten Zwecken als Stellvertreter für das Objekt verwendet, und wenn vom modellauswählenden oder modellkonstruierenden Subjekt festgelegt ist, welche Eigenschaften des Objekts mit welchen Beschreibungsmitteln wiedergegeben werden.« (/WEDEKIND, S. 42/)

Wesentlich für ein Modell ist also der Abbildungscharakter, wobei es unerheblich ist, ob das zugrundeliegende Original natürlich oder seinerseits ein Modell ist.

Des weiteren werden durch ein Modell nur bestimmte Eigenschaften des Originals wiedergegeben. Diese Auswahl bestimmter Eigenschaften ist nicht als unzulässige Vereinfachung anzusehen, sondern grundlegende Voraussetzung für eine Modellkonstruktion, denn nur dadurch erhält man ein Abbild des Originals, das sich leichter als dieses handhaben läßt. Allerdings müssen durch die Auswahl bedingte Effekte auf das Modell berücksichtigt werden.

Das Modell ist allgemeiner als das Original, da von Einzelfällen abstrahiert wird auf allgemeine Prinzipien und Eigenschaften. Modelle stehen immer in Beziehung zu einem Subjekt, das das Modell für bestimmte Zwecke konstruiert und entscheidet, welche Eigenschaften und Zusammenhänge des Originals für das Modell maßgeblich sind und welche nicht. Die Modelle werden dann in bestimmten Situationen als Ersatz für das Original verwendet, um Untersuchungen durchzuführen, die am Original in dieser Form nicht oder nur schwer realisierbar wären.

Erkenntnisse, die an Modellen gewonnen werden, lassen sich nicht einfach auf die Realität übertragen, da der Sinn der Modellbildung gerade nicht in der perfekten Nachahmung der Realität besteht, sondern darin, »durch sinnvolle Beschränkung die Manipulierbarkeit des Realgegenstandes zu erhöhen.« (/WEDEKIND, S. 45/)

»Es erscheint trivial, muß aber angesichts allzu leichter ›Modellgläubigkeit‹ betont werden, daß am Modell keine empirischen Wahrheiten gefunden werden können« (ebenda).

Bei der Bewertung von Ergebnissen, die mit Hilfe von Modellen gewonnen wurden, hinsichtlich ihrer Aussagefähigkeit über die Realität müssen die einschränkenden Voraussetzungen, die für die Modellkonstruktion getroffen wurden, berücksichtigt werden.

Simulation

Simulationen dienen in diesem Zusammenhang dazu, Modelle zu prüfen, insbesondere um durch die praktische Anwendung des theoretisch entworfenen Modells Erkenntnisse über selbiges zu gewinnen.

Dabei ist zu beachten, daß durch die Simulation nur Erkenntnisse über das Modell gewonnen werden können und nicht über die Realität. Durch Simulationen werden auch komplexere Modelle handhabbar; der Computer wird daher auch als »complexity amplifier« (Komplexitätsverstärker) bezeichnet.

Allerdings muß davor gewarnt werden, daß – aufgrund der Verfügbarkeit von Computern – immer komplexere Modelle entworfen werden, um die Realität genauer abzubilden. Dies würde der oben angesprochenen Funktion der Modellmethode zuwiderlaufen. »Es hieße unnützen Aufwand betreiben, immer komplexere Modelle zu entwerfen und zu implementieren, wenn diese sich dann nicht einmal mehr mit Hilfe von Simulationsexperimenten völlig analysieren lassen, wenn zwar eine Fülle von Ergebnissen produziert werden kann, diese sich aber nicht mehr analysieren lassen.« (/WEDEKIND, S. 74/)

Die Verfügbarkeit von Simulationen darf auch nicht zu einer Arbeitsweise verleiten, die der Systemanalytiker Bossel mit den Worten charakterisierte: »Man dreht an den Knöpfen, bis einem etwas einfällt.« (zitiert nach /WEDEKIND, S. 68/)

Die Simulation dient also im Rahmen der Systemtheorie als Werkzeug, um in gewissen Grenzen komplexere Modelle handhabbar zu machen. Der Modellbildungsprozeß darf dadurch aber nicht vernachlässigt werden. Das folgende Schaubild soll die Rolle der Simulation in der Systemtheorie veranschaulichen.

Simulationen in Forschung und Technik
Bevor Unterrichtsziele angegeben werden, die durch den Einsatz von Simulationen besser erreicht werden können, muß untersucht werden, welche Funktionen Simulationen in unserer Gesellschaft – vor allem im Bereich der Forschung und Technik – spielen, da Unterricht nicht losgelöst vom sozialen Umfeld geplant werden kann.

Die Kriterien, die für einen Einsatz von Simulationen in der Praxis sprechen, können zwar nicht einfach auf die Unterrichtssituation übertragen werden; sie können aber als Ausgangspunkt dienen, um zu untersuchen, welche Fähigkeiten Schülern zu vermitteln sind, damit sie für ihr zukünftiges Leben ausreichend vorbereitet sind, wenn sie mit Simulationen oder Ergebnissen von Simulationen konfrontiert werden.

Für den Einsatz von Simulationen werden meist einer oder mehrere der folgenden Gründe angeführt: Die zu untersuchende reale Begebenheit
- ist zu gefährlich;
- läuft zu schnell bzw. zu langsam ab;
- läßt sich nicht beliebig oft wiederholen;
- unterliegt stochastischen Einflüssen;
- ist zu teuer für experimentelle Beobachtungen.

In diesen Fällen dienen Simulationen quasi als Experimentersatz. Vor einem solchen Einsatz von Simulationen ist allerdings der Modellbildungsprozeß, insbesondere die Modellvalidierung, sorgfältig durchzuführen. Nur bei angemessener analytischer Vorbereitung der Simulation ist eine sinnvolle Interpretation ihrer Ergebnisse möglich.

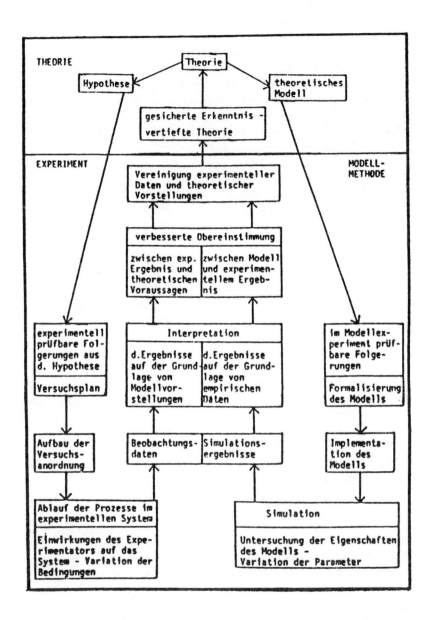

Die Simulation als Bindeglied zwischen Modell und Experiment

(aus:/WEDEKIND, S. 70/)

Der Einsatz von Computer-Simulationen im Unterricht

Trotz der großen Rolle, die die Modell-/Systemtheorie inzwischen in den Wissenschaften eingenommen hat, wird dies im Lehrangebot der (Hoch)Schulen nicht berücksichtigt.

Daher müssen beim Einsatz von Simulationen zuallererst entsprechende Wissenslücken aufgearbeitet werden, denn die Schüler können mit Simulationen nur dann kompetent umgehen, wenn sie wissen, welche Bedeutung diese im Rahmen der Systemtheorie haben.

Es darf allerdings nicht alleiniges Unterrichtsziel sein, daß die Schüler ein bestimmtes Modell gedanklich nachvollziehen können. Vielmehr müssen die Schüler verstehen:
- auf welche Situationen das Modell sinnvoll angewandt werden kann,
- ob diese Situationen auch durch andere Modelle abgebildet werden können,
- bei welchen Situationen das Modell nicht eingesetzt werden kann.

Werden diese komplexen Zusammenhänge nicht vermittelt, besteht die Gefahr, daß Simulationen mit Experimenten gleichgesetzt werden und dadurch die beobachteten Ergebnisse für die Schüler nicht mehr hinterfragbar sind.

Um die Modelltheorie in dieser Art und Weise verstehen zu können, muß das formale Denkvermögen der Schüler bereits ausgeprägt sein. Formale Denkweisen stehen – nach Piaget (s. /LEFRANCOIS/) – aber erst älteren Jugendlichen zur Verfügung. Auch durch gezieltes Training ist es kaum möglich, jüngeren Menschen diese Art zu denken verfügbar zu machen. Daher kann ein so umfassendes Unterrichtskonzept vermutlich nur in der Oberstufe der Gymnasien bzw. an Hochschulen angewandt werden.

Durch den Einsatz von Computersimulationen können mathematische Modelle von den Schülern interaktiv erschlossen werden. Barrieren gegen mathematische Denkweisen und Methodik lassen sich dadurch abbauen, obwohl natürlich beachtet werden muß, daß das den Modellen zugrundeliegende mathematische Wissen für einen sinnvollen Umgang mit ihnen unerläßlich ist.

/WEDEKIND/ hat einige Unterrichtskonzepte für den fachgebundenen und den fächerübergreifenden Unterricht an Hochschulen vorgestellt, in denen die Vermittlung der Modelltheorie angemessen berücksichtigt wird bzw. im Vordergrund steht.

Als Bereicherung (»enrichment«) des herkömmlichen Frontalunterrichts oder als Experimentersatz sind Computersimulationen nicht geeignet. Im ersten Fall können die interaktiven Möglichkeiten des Computers kaum genutzt werden. Außerdem zeigen Erfahrungen, daß Schüler bzw. Studenten zwar über die Auflockerung des Unterrichts erfreut sind, aber durch den Computereinsatz keine neuen, eindrücklichen Lernerfahrungen machen. Allein für einen solchen Effekt ist die Vorbereitung allerdings zu aufwendig.

Daß Computersimulationen nicht als Experimentersatz dienen sollten, wenn vergleichbare Realexperimente im Unterricht durchführbar sind, sollte eigentlich selbstverständlich sein. Durch die Vorführung eines simulierten Experiments wird ein anderer Lerneffekt erzielt als durch die Vorführung eines Realexperimentes. Die Probleme von Realexperimenten (»Vorführeffekt«) lassen sich beim Einsatz von Computersimulationen nicht vermitteln.

Der Einsatz von Computersimulationen im Unterricht in Situationen, in denen Realexperimente nicht effektiv durchführbar sind (s.o.), kann dagegen sinnvoll sein. Es ist allerdings zu beachten, daß die Schüler zuvor hinreichend in Modelltheorie unterrichtet werden, und daß Computersimulationen nicht dazu genutzt werden können, Lehrstoff in kürzerer Zeit »durchzuziehen«.

Nur bei der Vor- bzw. Nachbereitung von Experimenten, die Schüler selbständig durchführen sollen, scheint es durch den Einsatz von Computersimulationen möglich zu sein, die Lernzeiten zu reduzieren. Wurde ein Experiment am Computer »durchgespielt«, fällt den Schülern die Durchführung des realen Experiments leichter, weil die grundlegenden Prinzipien bereits verstanden worden sind.

In allen anderen Fällen führt der Einsatz von Computersimulationen zu einer Aufblähung der Lehrpläne und somit zu längeren Unterrichtszeiten (s.u.).

Grenzen der Computersimulation

Gewisse ethische Normen sollten auch beim Einsatz von Computersimulationen nicht überschritten werden.

Sie werden verletzt, wenn menschliches Verhalten vom Computer simuliert wird, damit etwa Medizinstudenten ihre diagnostischen Fähigkeiten trainieren können. Zum einen soll die Ausbildung auf die berufliche Arbeit vorbereiten, in diesem Fall also auf die Arbeit mit Menschen; zum anderen ist zu berücksichtigen, daß Menschen auf Maschinen anders reagieren als auf den anderen Menschen. Daher ist zu bezweifeln, daß an der Maschine trainiertes Verhalten in der medizinischen Praxis erfolgreich angewandt werden kann.

Bei herkömmlicher Ausbildung mit simulierten Umgebungen (z.B. mit dem Flugsimulator) mußte das an der Maschine gelernte Verhalten nur auf andere von Maschinen geprägte Situationen übertragen werden. Ein mit der Medizin vergleichbarer Konflikt trat dabei nicht auf.

Eine Möglichkeit, mit solchen Konflikten umzugehen, besteht darin, sie wegzudiskutieren, indem Menschen in Teilen oder als Ganzes mit Maschinen gleichgesetzt werden, wie Marvin Minsky dies z.B. tut: »Die heutigen Roboter sind wie Kinder. Sie tun nur jene einfachen Dinge, die ihnen einprogrammiert sind. Aber sicherlich sind sie dabei, die fließende Grenze zu überschreiten, jenseits derer sie die Dinge tun werden, zu denen wir programmiert sind... Was wird passieren, wenn wir die neuen Möglichkeiten am Arbeitsplatz und zu Hause erkennen, wo Maschinen alles das besser können, was wir tun möchten? Was für einen Geist und was für Persönlichkeiten sollen wir ihnen geben? Was für Rechte und Privilegien sollen wir ihnen vorenthalten? Sind wir bereit, uns solchen Fragen zu stellen?« (Marvin Minsky in Omni, April 1983, zitiert nach /DREYFUS, S. 10/)

Von einem solchen Standpunkt ist es dann auch nur noch ein kleiner Schritt zum »Altenroboter«, mit dessen Hilfe die Betreuung von Menschen in Altersheimen automatisiert und »menschlicher« gestaltet werden soll. Entsprechende Überlegungen werden von Edward Feigenbaum und Pamela McCurdock in ihrem Buch »Die fünfte Computer-Generation« (Basel 1984) angestellt.

Die andere Möglichkeit, mit diesem Konflikt umzugehen, besteht darin, Computersimulationen erst dann im Unterricht einzusetzen, wenn bekannt ist, was die ärztliche Praxis von der Arbeit mit diesen Geräten unterscheidet. Nur wenn die restlichen ärztlichen Fähigkeiten, die mit Computersimulationen nicht trainiert werden können, so genau spezifiziert sind, daß sie im selben Maße wie die formalisierte Diagnostik gelehrt werden können, ist ein vergleichbares Gegengewicht zum Einsatz von Computersimulationen geschaffen.

Solange wir uns aber bei einer solchen Differenzierung ärztlicher Tätigkeit nur auf so wenig spezifizierte Begriffe wie Intuition,

Emotion etc. berufen können, die weitestgehend als nicht gezielt unterrichtbar gelten, wird durch die Einführung von Computersimulationen der bereits am weitesten entwickelte Bereich der Medizin, die mechanistische Zergliederung des Menschen in funktional unabhängige Teilsysteme, noch stärkeres Übergewicht erhalten.

Computersimulationen zum Trainieren von Problemlösefähigkeiten

Seit den Veröffentlichungen Dörners über Problemlösefähigkeiten von Menschen in komplexen Situationen werden diese viel diskutiert.

Da Dörner diese Fähigkeiten mit Hilfe von Computersimulationen untersucht hat, lag es nahe, Computersimulationen auch zum Training der Problemlösefähigkeit zu nutzen. Daß aber gerade Simon und Wedekind (s. /SIMON, 1980/) einen entsprechenden Versuch durchführten, muß Verwunderung auslösen, da diese beiden Autoren die Vermittlung der Modelltheorie beim Einsatz von Computersimulationen immer in den Vordergrund stellen.

Werden aber Computersimulationen realer Gesellschaftsvorgänge als Planspiele in der fachspezifischen Ausbildung eingesetzt (z.B. »Tanaland« zur Ausbildung von Entwicklungshelfern), so werden bei den Schülern rationale und formal-logische Lösungsstrategien geprägt, da durch selbige ein computersimuliertes System am besten stabilisiert werden kann.

Intuitive Herangehensweisen sind so nicht vermittelbar. Die durch die Modellvorgabe begrenzten Handlungsspielräume schränken sogar die rational möglichen Lösungsstrategien ein auf die Strategien, die der Modellkonstrukteur für sinnvoll erachtet hat.

Gerade bei einer Arbeit in komplexen sozialen Bereichen ist aber rationales, auf Regeln basierendes Vorgehen oftmals kontraproduktiv. /DREYFUS/ hat dies am Beispiel der Managerausbildung aufgezeigt. Da sich die Tätigkeit eines Managers nicht in kontextfreie Elemente zerlegen läßt, favorisiert Dreyfus Unterricht, in dem möglichst realitätsnah – also mit realen, praktischen Beispielen – gearbeitet wird, statt mit abstrakten verallgemeinerten Fällen. Nur reale Situationen, in denen der Schüler Auswirkungen getroffener Maßnahmen auch über längere Zeit verfolgen kann, versprechen optimalen Lernerfolg. Die abstrakte Ausbildung, häufige Firmenwechsel von Managern und der Zwang, alle Maßnahmen rational erklären zu müssen, führt nach Meinung von Dreyfus, dazu, daß Manager in den USA keine intuitive Beziehung zu ihrem Betrieb entwickeln können. Dies sei ein erheblicher Wettbewerbsnachteil z.B. gegenüber Japan, wo Manager im allgemeinen ihr Leben lang für eine Firma arbeiten.

In unserer hektischen Welt scheint es also weniger auf bessere rationale Problemlösefähigkeiten anzukommen, als darauf, mit Geduld langfristig an bestimmten Themenstellungen zu arbeiten, um sich einen intuitiven Zugang zu den entsprechenden Problemstellungen zu verschaffen. Dies sollte auch in der Ausbildung schon entsprechend unterstützt werden, indem Schüler möglichst frühzeitig mit realen Situationen konfrontiert werden. Wo das derzeitig nicht möglich scheint, wäre es angebrachter nach Wegen zu suchen, die den Schülern Praxiserfahrungen ermöglichen, anstatt die Realität mehr oder weniger gut zu simulieren.

Neue Lehrinhalte durch Computersimulationen

Da die Computersimulationen in den bisherigen Unterricht integriert werden sollen, muß genau untersucht werden, welche Themen dadurch aus den Lehrplänen gedrängt werden.

Die Vermittlung der System-/Modelltheorie im Zusammenhang mit dem Einsatz von Computersimulationen ist ein neues aber sicherlich wichtiges Lehrziel. Ebenso kann es sinnvoll sein, intensivere Eindrücke von bestimmten Modellen zu vermitteln. Es muß aber deutlich gemacht werden, welche anderen Lehrziele dadurch vernachlässigt werden.

Bei der Abwägung, welche Lehrziele wesentlich sind, muß in diesem Zusammenhang berücksichtigt werden, daß durch Computersimulationen immer formal-logische und mathematische Problemstellungen vermittelt werden, ihr Einsatz daher auf Kosten anderer formal-logischer oder mathematischer Themenstellungen erfolgt. Andernfalls muß die resultierende Schwerpunktverschiebung ausreichend begründet werden.

Die Erstellung von Computersimulationen

In den letzten Jahren wurden Programmiersprachen entwickelt, die das Implementieren formal-logischer Modelle erleichtern sollen (z.B.DYNAMO). Außerdem wurde von /WEDEKIND/ ein graphisches interaktives Programmiersystem (GRIPS) vorgestellt, mit dessen Hilfe Schülern und Studenten die Praxis der Modellbildung nähergebracht werden kann.

Mit diesem und ähnlichen Systemen kann am Bildschirm interaktiv ein graphisches Modell entworfen werden, das vom Rechner in ein ablauffähiges Programm übersetzt wird. Bei der Verwendung von Programmierwerkzeugen ist zu beachten, daß durch die Wahl eines bestimmten Werkzeuges auch ein Systemkonzept festgelegt wird (vgl. Reinhardt in: /SIMON, S. 285 ff/).

Des weiteren ist es mit diesen Werkzeugen möglich, die fundierte, analytische Modellkonstruktion zu vernachlässigen und ausgehend von einer vagen Theorie ein Simulationssystem nach dem trial-and-error-Verfahren zu konstruieren. Aufgrund einer damit verbundenen mangelhaften Abgrenzung des Modells zur Realität sind so gewonnene Ergebnisse nicht gezielt auf die Wirklichkeit übertragbar. Mangelhaftes Wissen über Modell- und Systemtheorie kann durch diese Werkzeuge in gewissen Grenzen kaschiert, auf keinen Fall aber ersetzt werden.

Eine vergleichbare Problematik hat /JÄGER/ in der Intelligenzstrukturforschung einem Bereich der Psychologie angeprangert. Er schreibt: »Die Faktorenanalyse (ein in der Psychologie vielbenutztes statistisches Verfahren; der Verfasser) ist inzwischen zu einem der meist *miß*brauchten Forschungsinstrumente geworden.... Faktorenanalysen setzen eine Sachkenntnis voraus, die leider nicht so verbreitet ist wie die Rechenprogramme, deren Anwendung bei fast jedem beliebigen Datensatz irgendwie interpretierbare Ergebnisse bringen.« (/JÄGER, S. 22/) Weder in dem einen noch in dem anderen Fall sollte eine Forschungsmethode aus diesem Grund prinzipiell abgelehnt werden. Vielmehr ist es notwendig, künftige Anwender solcher Methoden angemessen auszubilden sowie inkompetente Nutzungen anzuprangern.

9. Schlußbemerkung

In diesem Buch habe ich mich in erster Linie mit dem praktischen Einsatz von Computern im Schulunterricht befaßt.

Diesen Einsatz halte ich für unnötig, denn er kann für die Schüler schädlich werden, wenn nicht bedacht wird, daß Computer einen »heimlichen Lehrplan« in sich tragen. Aus den Untersuchungen von Sherry Turkle ist bekannt, »daß Computer bei ihren Nutzern und Bedienern Gedanken hervorrufen, die mit der eigentlichen Arbeit am Computer, z.B. dem Programmieren, nur entfernt zu tun haben.«

Nur allzuleicht führt die Arbeit am Computer zu der Einstellung, man wäre diesem Gerät geistig unterlegen. »Wenn man (aber) zu der Überzeugung gelangt, das Denken würde besser und effektiver von einem Computer erledigt und sich deshalb auf den Bereich des Fühlens zurückzieht, (so) ist zu befürchten, daß unter der Vernachlässigung des einen beides leidet.« (/TURKLE/)

Falls wir der Meinung sind, die nachwachsende Generation müsse in erster Linie detailliertes Faktenwissen auswendiglernen, so mag es sinnvoll sein, Computerlernprogramme einzusetzen. Wenn die Schüler aber ein umfassendes Verständnis für verschiedene Fachgebiete entwickeln sollen, damit sie auf der Basis dieser Einsicht selbständig Entscheidungen treffen können, dann müssen sie von Menschen unterrichtet werden.

- Computer sind nämlich nicht in der Lage, selbständig und eigenverantwortlich zu handeln, können dies also auch nicht lehren.
- Computer können zwar Entscheidungen treffen; diese beruhen aber nie auf (ethischen) Werten oder einem Problemverständnis.
- Computer verstehen nicht, was sie tun; sie rechnen eine Rechenaufgabe so emotionslos, wie sie Raketen zum Abschuß freigeben.

Soll ein Computer eine Entscheidung treffen, so sind alle (vorprogrammierten) Ergebnisse dieser Entscheidung gleich gültig; ob die Welt zugrundegeht oder nicht – für den Computer sind das nur zwei gleich gültige Zustände: <Untergang ja> <Untergang nein>.

Dieses Nicht-Vorhandensein ethischer Normen überträgt sich nur zu leicht auf den Benutzer. Da ethische Normen aber nicht allein durch theoretische Diskussionen in einem eigenen Unterrichtsfach gelehrt werden können, wird das moralische Empfinden der Schüler sich nicht ausreichend entwickeln, wenn sie zu viel mit Computern arbeiten müssen.

Gerade Kinder lernen sehr viel durch Vorbilder; was sollen sie aber lernen, wenn das Vorbild eine Maschine ist? Sicherlich, menschliche Vorbilder haben Fehler, wie alle Menschen. Aber menschliche Unzulänglichkeiten sollten kein Argument dafür sein, Lehrer durch Computerlernprogramme zu ersetzen. Denn schließlich sind unsere Kinder auch Menschen, die mit Fehlern behaftet sind, weshalb sie lernen müssen, mit diesen produktiv umzugehen. Eine Maschine kann ihnen dabei bestimmt nicht helfen.

Soweit zum praktischen Einsatz von Computern im Schulunterricht. Diese Ausführungen sollten aber nicht in der Weise mißverstanden werden, daß Computer im Schulunterricht überhaupt nichts zu suchen hätten. Es ist aber notwendig, diese Technik fächerübergreifend zu behandeln. Kunst- und Musiklehrer sind da genauso gefordert wie Lehrer in den Fächern Deutsch, Biologie, Sozialkunde. Folgende Fragen sind in den jeweiligen Fachunterricht zu integrieren:

– Wer ist der Künstler bei der Erstellung von Computergraphik? Ist das überhaupt Kunst?
– Warum kann ein Computer natürliche Sprache nicht verstehen? Kann er überhaupt etwas verstehen?
– Was ist der Unterschied zwischen natürlicher und künstlicher Intelligenz?
– Wer ist verantwortlich, wenn durch Computereinsatz Unglücke entstehen?

Dies sind Fragen, mit denen sich (nicht nur) die nachwachsende Generation auseinandersetzen muß, um sich eine Meinung bilden und Partei ergreifen zu können. Durch eine Auseinandersetzung mit dieser Problematik werden die Schüler lernen, Grenzen und Möglichkeiten der Computertechnik realistisch einzuschätzen.

Hierfür kann der praktische Einsatz von Computern unterrichtsbegleitend notwendig und hilfreich sein. Primäres Unterrichtsziel ist dann aber nicht, die Bedienung des Computers zu erlernen oder vom Computer etwas zu lernen. Über Computer müssen die Schüler etwas lernen, damit sie der *Macht der Computer* mehr als die *Ohnmacht der Vernunft* entgegensetzen können.

10. Literaturverzeichnis

/ANDERSON/: Anderson, J.R., Reiser, J.B., The LISP-Tutor, Byte, April 1985, S.159-175

/ARLT/: Arlt, W.(Hrsg), Informatik als Herausforderung an Schule und Ausbildung, Berlin 1984

/BADER, SEXL/: Bader, F., Sexl, U., Computerprogramme zur Physik, Hannover 1983

/BALTES/: Baltes, P.B., Intelligenz im Alter, Spektrum der Wissenschaft, Mai 1984, S.46-60

/BECKER, 1984/: Becker ,Barbara, Viel Wissen, aber wenig Verstand, Psychologie heute, März 1984, S.57-60

/BECKER, 1986/: Becker, Barbara, Wissen und Problemlösung im Spiegel neuer Entwicklungen der Computertechnologie. Bestandsaufnahme und Versuch der Einschätzung des soziokulturellen Phänomens Künstliche Intelligenz, Dissertation, Universität Dortmund 1986

/CHIPS & KABEL/: Chips & Kabel, Medienrundbrief Nr.10, August 1984, Die Grünen im Bundestag, Bundeshaus, Bonn 1984

/COMPUTER/: Computer: Lernen durch Faszination?, betrifft: erziehung, November 1984, S.24-31

/CORELL/: Corell, W. (Hrsg.), Programmiertes Lernen und Lehrmaschinen, Braunschweig 1965

/CYRANEK/: Cyranek, G., Informatikunterricht – Die Sambaschule der Nation, in /ARLT/

/DEKKERS, DONATTI/: Dekkers, J., Donatti, S., The Integration of Research Studies on the Use of Simulation as an Instructional Strategy, Journal of Educational Research, 1981, Vol.74, No.6, S.425-427

/DIETZ, JODL/: Dietz, B., Jodl, H.J., Didaktische Analyse von (Physik-)Unterrichtsprogrammen, LOG IN 5, 1985, Heft 2, S.15-22

/DICKLER/: Dickler, R.A., Die Krise des CuUs und die »Industrielle Revolution« im Bildungssektor der Vereinigten Staaten, betrifft: erziehung, April 1974, S.28-33

/DÖRNER, 1978/: Dörner, Dietrich, Über das Problemlösen in sehr komplexen Realitätsbereichen, Zeitschrift für experimentelle und angewandte Psychologie, 1978, Band 25, Heft 4, S.527-551

/DÖRNER, 1983, 1/: Problemlösefähigkeit und Intelligenz, Psychologische Rundschau, 1983, Band 34, Heft 4, S.185-192

/DÖRNER, 1983, 2/: Lohhausen, Bern 1983

/DÖRNER, 1984, 1/: Der Zusammenhang von Intelligenz und Problemlösefähigkeit: Ein Stichprobenproblem?, Psychologische Rundschau, 1984, Band 35, Heft 3, S.154, 155

/DÖRNER, 1984, 2/: Denken, Problemlösen und Intelligenz, Psychologische Rundschau, 1984, Band 35, Heft 1, S.10-20

/DREYFUS/: Dreyfus, Huber L. und Stuart E., Künstliche Intelligenz. Von den Grenzen der Denkmaschine und dem Wert der Intuition, Reinbek 1987

/EDWARDS/: Edwards, Betty, Der Künstler in Dir, Reinbek 1987

/EIGLER/: Eigler, Gunther, Erziehungswissenschaftliche Aspekte des Lernens mit Mikrocomputern, in: /MANDL, FISCHER/ S.167ff

/ERIKSON/: Erikson, Erik H., Kindheit und Gesellschaft, Stuttgart 1968

/EWEN/: Ewen, J., Überlegungen zu Computer-Simulationen am Beispiel eines Simulations-Lehrprogramms zu Thermo-Regulations-Vorgängen, Zeitschrift für erziehungswissenschaftliche Forschung, 11, 1977, S.20-40

/FREMDSPRACHEN/: Fremdsprachen und Computer, 1986, Hrsg: Landesinstitut für Schule und Weiterbildung, Paradieser Weg 64, 4770 Soest

/GARDNER/: Gardner, Howard, Ich versuche, Sprache und Logik vom Podest zu stürzen, Psychologie heute, Februar 1985, S.22-31

/GDM86/: Überlegungen und Vorschläge zur Problematik Computer und Unterricht, Bericht einer Arbeitstagung der Gesellschaft für Didaktik der Mathematik (GDM), Zentralblatt für Didaktik der Mathematik (ZDM), Jahrgang 18, 1986, Heft 1, S.24-27

/GEPPERT/: Geppert, K., Preuß, E., (Hrsg.), Selbständiges Lernen, Regensburg 1980

/HELL/: Hell, Wolfgang, Psychologie der Informationsverarbeitung: Auf der Suche nach einem Profil, Literaturbericht, Psychologische Rundschau, Jahrgang 39, 1988, Heft 1, S.40-45

/HEURSEN/: Heursen, G., Plädoyer für und Warnung vor Neuen Technologien in der Schule. Zum Einfluß des technologischen Wandels auf die allgemeine und berufliche Bildung., in /ARLT/

/HÜHOLDT/: Hüholdt, Jürgen, Wunderland des Lernens, Bochum 1984

/JÄGER/: Jäger, A.O., Intelligenzstrukturforschung: Konkurrierende Modelle, neue Entwicklungen, Perspektiven, Psychologische Rundschau, 1984, Band 35, Heft 1, S.21-35

/JOHNSON/: Johnson, W.L., Soloway, E., PROUST, Byte, April 1985, S.179-190

/KÖHLER/: Köhler, Hartmut, Computer was tun? Texte zur Besinnung, Mühlheim 1985 (Verlag: Die Schulpraxis Postfach 102251, 433 Mühlheim)

/KREOWSKI/: Kreowski, H.J., Informationstechnische Grundbildung für alle ist Unfug, in: FIFF-Kommunikation 5. Jahrgang, Heft 2, Juli 1988, FIFF-Geschäftsstelle, Reuterstr.44, Bonn

/KRUMM/: Krumm, H.J., Nur die Kuh gibt mehr Milch, wenn Musik erklingt. Kritische Anmerkungen zum Methoden-Boom oder Plädoyer für eine Veränderung der Unterrichtskommunikation durch Ernstnehmen der Kursteilnehmer statt durch alternative Methoden, Zielsprache Deutsch, 1983, S.3-13

/KULIK, BANGERT, WILLIAMS/: Kulik, J.A., Bangert, L.B., Williams, G.W., Effekts of Computer-Based Teaching On Secondary School Students, Journal of Educational Psychology, 1983, Vol.75, No.1, S.19-26

/KUMI86/: Erlaß des niedersächsischen Kultusministeriums vom 9.12.1986 206-82235 GültL158/42, abgedruckt in Schulverwaltungsblatt für Niedersachsen, Heft 1, 1987, S.3ff unter dem Titel: Ausstattung von Schulen mit Rechnern für den Unterricht

/KUMI87/: Neue Technologien und Schule, Hrsg.: Niedersächsisches Kultusministerium, Schiffgraben 12, 3000 Hannover

/LANGENSCHEIDT/: Neuner, G., Langenscheidt-Redaktion, (Hrsg.), Computergestützter Fremdsprachenunterricht. Ein Handbuch, Berlin 1985

/LEFRANCOIS/: Lefrancois, Guy R., Psychologie des Lernens, 2.Aufl., Berlin 1986

/LEHMANN/: Lehmann, J. (Hrsg.), Simulationsspiele in der Erziehung, Basel 1976

/LEHMANN, LAUTERBACH/: Lehmann, Jürgen, Lauterbach, Roland, Die Wirkungen des Computers in der Schule auf Wissen und Einstellung, LOG IN 5, 1985, Heft 1, S.24-27

/LERNSOFTWARE/: Lernsoftware im Test, Pädagogik heute, Dezember 1986, S.24,25

/MANDL, FISCHER/: Mandl ,Heinz, Fischer, P.(Hrsg.), Lernen im Dialog mit dem Computer, München 1985

/MASCHINEN/: Bammé, A. u. a., Maschinen-Menschen, Mensch-Maschinen. Grundrisse einer sozialen Beziehung, Reinbek 1983

/ONORATO/: Onorato, Lisa A., Schvaneveldt, Roger W., Programmer – Nonprogrammer Differences in Specifying Procedures to People and Computers, The Journal of Systems and Software, 7, 1987, S.357-369

/PAPERT/: Papert, S., Mindstorms – Kinder, Computer und Neues Lernen, Basel 1982

/RADEMACKER/: Rademacker, H., Zur Entwicklung der Unterrichtstechnologie in der BRD, S.18-20 Was leistet computerunterstützter Unterricht? Thesen zu einer teuren Unterrichtsform, S.30f, beide Artikel aus betrifft: erziehung, April 1974

/REINHARDT/: Reinhardt, A., Konzepte von Simulationssystemen, in /SIMON, 1980/

/RGU/: Brunnstein, K. (Hrsg.), Rechnergestützter Unterricht (RGU) Tagungsbericht, Berlin 1974

/RHEINBERG/: Rheinberg, Falko, Motivationsanalysen zur Interaktion mit Computern, in /MANDL, FISCHER/, S.83ff

/ROGERS/: Rogers, Carl R., Freiheit und Engagement. Personenzentriertes Lehren und Lernen, München 1984

/ROLFF/: Rolff, Hans-G., Bildungskonzept statt Computerführerschein, betrifft: erziehung, April 1986, S.57-59

/ROSZAK/: Roszak, Theodore, Der Verlust des Denkens, München 1986

/RÜSCHOFF/: Rüschoff, B. Fremdsprachenunterricht mit computergestützten Materialien. Didaktische Überlegungen und Beispiele, München 1985

/RUMPF, 1976/: Rumpf, Horst, Unterricht und Identität. Perspektiven für ein humanes Lernen, München 1976

/RUMPF, 1987/: Belebungsversuche. Ausgrabungen gegen die Verödung der Lernkultur, Weinheim 1987

/SCHEILKE/: Scheilke, Christop Th., Lerntheorie-Lernpraxis Reinbek 1982

/SCHEWE/: Schewe, Carola, Krank durch Computer ... und wie man sich dagegen wehren kann, rororo aktuell, Februar 1989

/SCHMIDTSCHÖNBEIN/: Schmidt-Schönbein, Gisela, Hätt' man nur so'n Ding zu Hause..., in /FREMDSPRACHEN/

/SCHULE/: Schule und Software, Tagungsbericht 1986, herausgegeben vom Landesinstitut für Schule und Weiterbildung, Paradieser Weg 64, 4770 Soest

/SCHWARTZ/: Schwartz, E. (Hrsg.): Entdeckendes Lernen und offener Unterricht, Braunschweig 1977

/SEHRINGER/: Sehringer, W. (Hrsg), Lernwelten und Instruktionsformen, Frankfurt a.M. 1986

/SELF, O'SHEA/: Self, J., O'Shea, T., Lernen und Lehren mit dem Computer, Stuttgart 1986

/SIMON, 1978/: Simon, Hartmut (Hrsg.), Simulation und Modellbildung mit dem Computer im Unterricht, Grafenau 1978

/SIMON, 1980/: Simon, Hartmut,(Hrsg.), Computer-Simulation und Modellbildung im Unterricht, München 1980

/SKINNER, 1958/: Skinner, B.F., Lehrmaschinen, in /CORELL/

/SKINNER, 1961/: Skinner, B.F., Warum wir Lehrmaschinen brauchen, in /CORELL/

/SLEEMANN, BROWN/: Sleemann, D., Brown, J.S., Intelligent Tutoring Systems, London 1982

/SLESNICK/: Slesnick, T., Hold it: You're using computers the wrong way, The Executiv Educator, April 1983

/SPIES/: Spies, K., Hesse, F.W., Interaktion von Emotion und Kognition, Psychologische Rundschau, 37, 1986, S.75-90

/TENT/: Tent, L., Intelligenz und Problemlösefähigkeit, Zeitschrift für experimentelle und angewandte Psychologie, Band 35, Heft 3, S.152f

/TURKLE/: Turkle, Sherry, Die Wunschmaschine. Der Computer als zweites Ich, Reinbek 1986

/WALKER/: Walker, J., Der fliegende Zirkus der Physik, München, 1977, sowie Der fliegende Zirkus der Physik – Antworten, ebd.

/WEDEKIND/: Wedekind, Joachim, Unterrichtsmedium Computersimulation, Weil der Stadt 1981

/WEIZENBAUM/: Weizenbaum, J., Die Macht der Computer und die Ohnmacht der Vernunft, Frankfurt 1977

/WILLETT, YAMASHITA, ANDERSON/: Willett, John B., Yamashita, J.J.M., Anderson, R.D., A Meta-Analysis of Instructional Systems Applied In Science Teaching, Journal of Research in Science Teaching, Vol. 20, 1983, No.5, S.405-417

/WISE, OKEY/: Wise, K.C., Okey, J.R., A Meta-Analysis of The Effects of Various Science Teaching Strategies On Achievment, Journal of Research in Science Teaching, Vol. 20, 1983, No.5, S.419-435

/WOHAK/: Wohak, Bertram, Harte Software, Wechselwirkung, 23, November 1984, S.52-54

/YAZDANI/: Yazdani, M., Intelligent Tutoring Systems: An Overview, W136, 1985, Department of Computer Science, University of Exeter

wissen & praxis

Peter Spengler
Rockmusik und Jugend
Bedeutung und Funktion einer
Musikkultur für die Identitätssuche
im Jugendalter

Helmut Hildebrandt
Lust am Leben
Gesundheitsförderung mit
Jugendlichen. Ein Ideen- und
Aktionsbuch für die Jugendarbeit

G. Landenberger / R. Trost
**Lebenserfahrungen im
Erziehungsheim**
Identität und Kultur im
institutionellen Alltag

Erhard Wedekind
Beziehungsarbeit
Zur Sozialpsychologie pädagogischer
und therapeutischer Institutionen

Manfred Berger
Sexualerziehung im Kindergarten

J. Althaus u. a.
Kindergarten
Zur Entwicklung der
Vorschulerziehung

Thomas Stocker
**Die Kreativität und das
Schöpferische**
Leitbegriffe zweier pädagogischer
Reformperioden

Ingrid Hentschel
Kindertheater
Die Kunst des Spiels zwischen
Phantasie und Realität

Gerd Koch
Lernen mit Bert Brecht
Bertolt Brechts politisch-kulturelle
Pädagogik

Dorothee Prewo
Und immer lockt das Spiel
Grenzüberschreitungen in Theater,
Politik und Alltag

Ursula Wagner
Blicke auf den dicken Körper
Gegen die Unterwerfung unter die
Schönheitsnorm

Ilka Lenz
Wenn Frauen alt werden

Hans-Jürgen Fuchs
**Das glückliche Bewußtsein
und die Krise**
Ausländerfeindlichkeit in der
Bundesrepublik

Dorothea Schmidt
Indianer als Heilsbringer
Ein neues Klischee in der deutsch-
sprachigen Literatur?

Stephanie Horn
Abschied vom Kollektiv
Der Frankfurter PflasterStrand

Isolde Demele
**Abstraktes Denken und
Entwicklung**
Der unvermeidliche Bruch mit der
Tradition

Marion Baumgart
Wie Frauen Frauen sehen
Westliche Forscherinnen bei
arabischen Frauen

Bitte Gesamtverzeichnis anfordern

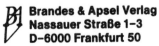

**Brandes & Apsel Verlag
Nassauer Straße 1–3
D–6000 Frankfurt 50**